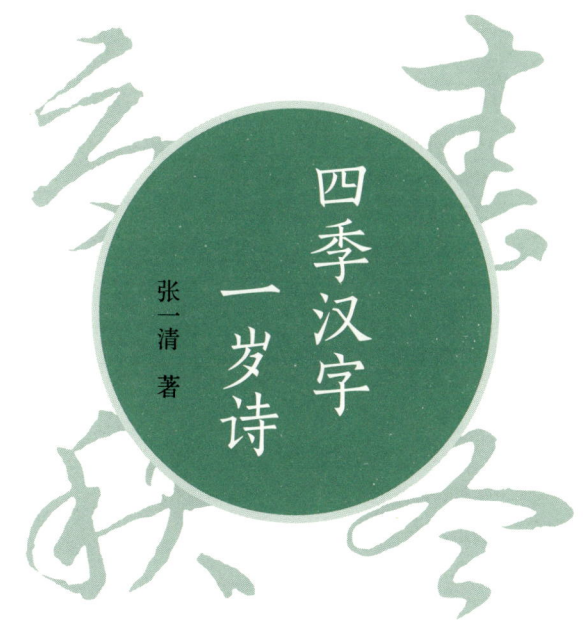

四季汉字
一岁诗

张一清 著

山东友谊出版社

图书在版编目（CIP）数据

四季汉字一岁诗 / 张一清著. —济南：山东友谊出版社，2017.12（2020.10重印）

ISBN 978-7-5516-1516-7

Ⅰ.①四… Ⅱ.①张… Ⅲ.①古典诗歌-中国-中小学-课外读物 Ⅳ.①G634.303

中国版本图书馆CIP数据核字（2017）第328379号

图书策划：韩刚立
责任编辑：姜海涛　陈　菁　王　苑
装帧设计：桃夭夭
排版制作：安树仁

主　　管：山东出版传媒股份有限公司
出版发行：山东友谊出版社
地　　址：济南市英雄山路189号　邮政编码：250002
电　　话：出版管理部（0531）82098756
　　　　　市场营销部（0531）82098035（传真）
印　　刷：天津兴湘印务有限公司
版　　次：2018年1月第1版
印　　次：2020年10月第4次印刷
规　　格：140mm×203mm　1/32
印　　张：7.25
字　　数：132千字
定　　价：28.00元

（如印装质量有问题，请与出版社出版管理部联系调换）

前言

"宇宙"是个暗藏乾坤、囊括古今的概念。按照我国古代观念,"宇"指的是大千世界的空间,"宙"指的则是古往今来的时间。时空交会,人在其中。

生活在广袤无际的时空,看不尽的沧海桑田,阅不完的流金岁月。我们常常纵情山水、"移步换景",登高山而"荡胸生层云",涉溪水则"濯足万里流";仰望城垣感叹崇墉百雉,流连间巷品味小桥人家。目之所视,心有所感。殊不知,所谓"移步",其实也有伴随时光而流逝的含义。时光荏苒,白驹过隙,世上哪有"年年岁岁花相似"?

岁月流转,季节变换,春夏秋冬各有其别具一格的韵致。生命之道,大抵不过春生夏长、秋收冬藏。四时群英,春光明媚桃花灼灼;夏日炎炎荷花映日;秋风送爽采菊东篱;隆冬飞雪踏雪寻梅。

我们的生命就在这春夏秋冬的循环往复中不断地迎来、

经历和告别，来年的繁花似锦令人充满期待，消逝的斜阳草树也在我们心里留下了永恒的印记。我们智慧的祖先，在和大自然亲密接触过程中，也在不断探究、了解和总结这个巨人朋友的天赋、脾性，最终创造性地把节气和历法留传后世，造福子孙、造福人类。

节令更迭，物候变化，变幻缤纷的大千世界让生活在中华大地上的儿女们学会了建木暴天、依时而动，滴滴汗水换丰年。与此同时，应接不暇的四时风物、自然美景，也令千千万万华夏子孙与世间万物产生共鸣，并将内涵丰富乃至充满哲理的名称赋予了这些不同的节令，同时也不断丰富着浩如烟海的中华经典，创造着灿烂辉煌的中华文明。

诗仙李白曾作《子夜四时歌》，也称《子夜吴歌》，并分为"春歌、夏歌、秋歌、冬歌"四首。依照四时轮转顺序，诗仙分别写道："秦地罗敷女，采桑绿水边"；"镜湖三百里，菡萏发荷花"；"长安一片月，万户捣衣声"；"素手抽针冷，那堪把剪刀。"诗中有景、有物、有人，还有情，物我不分，情景交融。

"春来江水绿如蓝"的时节，三五佳人结伴而行，"女执懿筐""爱求柔桑"。盛夏到来之时，则是"接天莲叶无穷碧，映日荷花别样红"。秋风渐起，月色清冷，又将迎来"深院静，小庭空，断续寒砧断续风"。寒冬腊月，留守红颜"西窗对月剪征袍",无奈天寒,手冷不堪用剪刀。

季节不同,景致与心境自然有别,这无疑是人之常情。然而,在中华历史长河中,"不以物喜,不以己悲"的达观者同样大有人在,大文豪苏东坡就曾经写道:"荷尽已无擎雨盖,菊残犹有傲霜枝。一年好景君须记,最是橙黄橘绿时。"

四时风光,古今文明,能够浸润在这样的自然、文化氛围中,吸取营养、接受滋润,是我们每个人的幸运。我们要感谢列祖列宗,感谢博大精深、优秀灿烂的中华文明。

当然,为了分享我个人对这种文明的一点小小感受,我必须感谢山东友谊出版社的各位出版人,他们从这本小书的策划、写作,一直到出版,均给予了大力支持与帮助。

同时,我还要感谢我的家人胡明女士、张牧笛小姐,感谢他们与我共享四季、共担风雨,陪我走过一段又一段人生旅程。

我也必须感谢本书的读者朋友,也盼望能和你们在感受中华文明的过程中产生共鸣,并能和你们一道把我们中华优秀传统文化进一步发扬光大。

作者

2017年9月20日于北京

目录

第一章 春

立春 / 2
雨水 / 10
惊蛰 / 18
春分 / 26
清明 / 34
谷雨 / 42

第二章 夏

立夏 / 52
小满 / 60
芒种 / 68
夏至 / 76
小暑 / 86
大暑 / 96

第三章 秋

立秋 / 106
处暑 / 116
白露 / 124
秋分 / 134
寒露 / 142
霜降 / 152

第四章 冬

立冬 / 162
小雪 / 172
大雪 / 182
冬至 / 192
小寒 / 202
大寒 / 212

第一章 春

一年之计在于春。

立春

立春就是春天的开始，是开启新季节的标志，就像古人把『立春、立夏』都归为『启』一样。

立 春

岁月沧桑，冬去春来，又是一年春来到。

历经千年时光，春的季节总是那么一副明媚灿烂、毫无岁月痕迹的笑脸，带着和暖、带着温婉，在"春风又绿江南岸"的时分，掠过万水千山，一如既往地从满目青翠的南国拂向乍暖还寒的北疆，温暖着大地，温暖着我们，并且也绿了、醉了每一个人的心田。

"江南好，风景旧曾谙。日出江花红胜火，春来江水绿如蓝。能不忆江南。"这首脍炙人口的《忆江南》，是唐代大诗人白居易对江南春天的记忆。充盈诗人脑海的，是他青年时游历江南、中年时任职苏杭的点点滴滴：旭日东升，江边岸上一片红花开得正妍；一江清流，碧波荡漾，宛若青青蓼（liǎo）蓝。

与本来是北方人的白居易不同，宋代文人王安石则是地道的南方人，而且曾在江南多地为官。他的《泊船瓜洲》，寄托了对家的深深思念，虽然只是"京口瓜洲一水间，钟山只隔数重山"的距离，但他依然归心似箭，并发自内心地慨叹"明月何时照我还"。而且诗中一句辗转推敲、终于豁然开朗的"春风又绿江南岸"，绝对属于神来之笔。就凭这"绿"字的妙用，也足以使他傲立宋代文坛。

两位大文豪诗句中的"绿"，都是属于春天的色彩，是万千草木在早春时节苏醒之后对大自然的由衷问候。那枝头、地表的盈盈绿意，早已映入古人眼帘，成为春天的象征。

"春"这个字在甲骨文里有一种字形是 ▨。字的左边，上下都是草的形象，可见古人在造字的时候，草木在他们眼中正是春天的标志。草木返青，和煦的阳光显然厥功甚伟，所以，"春"字左边，草的形象中间还有表示太阳的"日"。字的右边，是"屯"在甲骨文里的字形，所以到了小篆，"春"随之演变为 ▨。

关于"屯"在"春"字里面的作用，从古至今一直存在着几种意见。

一种意见认为它只是表示"春"的读音与它接近，《说文解字》的作者许慎就是这种意见的代表。而另一些意见则认为它与"春"的意思也有关联，例如清代大儒段玉裁在《说文解字注》里面解释"春"的时候，就说"屯字像草木之初生"。这就是说，"屯"这个字表示草木萌芽，本身也喻示了春天的一种意象。

宋末元初文人方回，虽然做人的节操和人品饱受后世诟病,但这并不影响人们认可他在诗文方面的造诣。这位南宋末年科举及第并进入仕途,但又在元代为官的诗人写过一首《十二月二十八日立春次韵王山长俊甫》,诗中有"草芽地已回生意,雪霁天应念小民"两句。这两句诗除了表现小草发芽、大地复苏的早春气象,同时也借着雪住天晴,希望上天体恤黎民百姓,能够赐予人间好天气。因为就像农谚所说,对于农作物而言,"冬雪是宝,春雪是草"。

方回的诗明确写于立春之日,他的诗句或许算不上华丽、优美,然而其中却提到了让大地初绿的草芽,并隐含着雪后初晴的太阳,这恰恰应和了古人创造"春"字的意识和理念,所以可以看作是对"春"字古代字形的一种完美诠释。

至于立春这个节气,明代中过进士的官宦王象晋编撰的《二如亭群芳谱》将其解释为:"立,始建也。春气始至而建立也。"

这种解释一直被绝大多数人所接受,因为立春就是春天的开始,是开启新季节的标志,就像古人把"立春、立夏"都归为"启"一样。

但是,按照"立"在甲骨文、金文里的字形 ,还有《说文解字》对"立"的解释"住也",这个字最初显然表示伫立。而且由于表示人静止不动地占据一定空间,所以"立"也同时具有了"位、位置"的含义。例如《周礼》"建邦之神立"、《春秋经》"公即立",其中的"立"都是"位"的意思。

而且同样的用例在古代文献中并不鲜见。

此外,"立"本身后来也有"即位、继位"的意思,例如《韩非子·内储说上》中"湣(mǐn)王立";还有《史记·宋微子世家》中"微仲卒,子宋公稽立"等。

即位也好,继位也罢,究其实质都可以看作是到了某个特定轮次,新的人或事物开始占据某个位置。

这样看来,"立"应当具有"占位"或者"轮到谁"的意思。那么,"立春"或许解读成"四季轮回过程中,又到了春天的轮次"更加妥当。当然,说"立"表示"开始、始建"等等,同样是对的,只是这样的解释更像是"立"后来引申出来的含义,而"立春"这个节气及其名称却是最晚到商周时期就已经出现了的。

在古代,立春是非常重要的一个节气,从官府到民间都有形式多样的活动,例如《礼记·月令》:"立春之日,天子亲帅三公、九卿、诸侯、大夫,以迎春于东郊。还反,赏公、卿、诸侯、大夫于朝。"立春那天,帝王不仅亲率一干大臣到东郊举行迎春仪式,而且回来之后还会赏赐众人。可见,到了立春节气,君主心里也是喜气洋洋的,情绪高涨,出手自然也大方起来。

民众对春天的到来同样欢欣鼓舞,他们"鞭春牛",祭祀主管草木生长的春神"句(gōu)芒",祈盼风调雨顺、五谷丰登;

家家户户吃"春饼""春卷""五辛盘",亲友结伴踏青游春,用全部感官感受春天的气息和春天的味道。

苏东坡有一首写立春的《减字木兰花》,词中写道:"春牛春杖,无限春风来海上。便丐春工,染得桃红似肉红。春幡春胜,一阵春风吹酒醒。不似天涯,卷起杨花似雪花。"这首词既写了春天的景色,同时也是一幅立春时节的民俗风情画卷。

是啊,新春伊始,万物从冬眠中睁开睡眼,新一轮的萌动即将开启。东汉一位训诂学大师刘熙在他的《释名》中说:"春,蠢也。"这个解释的意思并不是说春天愚昧,而是说春天是"蠢蠢欲动"般萌动的季节。因此,"春"后来就有了"生命、萌动"等等含义。

我们常常对医术高超、医德高尚的医生心存敬意,说他们是"妙手回春"的圣手。这条赞语中的"回春",并不是称赞医生的医术堪比神仙,具有能让季节反转的神力,而是说妙手仁心的医生能够帮助病人祛除病魔、恢复生命的律动。

与"妙手回春"意思基本相同的还有一种说法叫作"杏林春暖"。这同样是对神圣的医生的一种赞誉。这种说法来自一个古老的故事。

早在三国时期,有一位祖籍浙江,而在福建行医的医生,名叫董奉。董医生看病问诊从不收取病人任何费用,而是要求他们病愈之后在他居住的山谷种一棵杏树。就这样年复一年,若干年之后，山谷两旁的山坡上的杏树蔚然成林。因此，人们便用"杏林春暖"称赞救死扶伤、为民众解除病痛的董奉。

"杏林春暖"中的"春"，既可以理解为医生对病人像春天般温暖；也可以理解成病人病愈之后焕发出的勃勃生机。

现在有些传统中药铺，店中仍然保留着"虎守杏林春日暖"这样的联语。这种说法同样与董奉有关。相传当董奉所居住的山谷杏树成林并结出果实之后，董医生随之又修改了看病问诊的规矩，要求病人用粮食做治病的酬金，同时可以采摘并带走与带来的粮食大致等量的杏。董奉的用意原本是囤积病人带来的粮食，以备荒年时赈济饥民，或者在平时接济贫苦的百姓。与此同时，也解决了由于缺乏人力而导致的浪费杏树果实的问题。可是没想到，有些私心颇重、总想占点小便宜的人，总是带来很少一点粮食，却试图带走大量的杏。这种情况后来被一些神仙发现了，于是神仙们就派了一只神虎驻守山谷。每当这只老虎发现有人图谋带走比粮食多的杏，它就会对这种人穷追不舍，直到那些人在慌乱中丢下多出来的杏，这时老虎才会停止追逐。

董奉的故事，充分阐释了做人的良知，同时也展现出"春"的"萌动"寓意。来自《诗经》的"有女怀春"以及后来发展出来的"少女怀春"等说法，其中的"春"同样含有"萌动"的意思。这里的"春"，非常形象地刻画了豆蔻年华的青春少女，随着生理、心理的发育，心里渐渐萌发出对于爱、对于异性的那份纯真而又朦胧的渴望。

少女的心思，美好而纯净，但是如果被他人窥破这份情思，她们就会不由自主地"两朵桃花脸上来"，娇羞的样子恰似小酌之后的佳人。

酒这种东西，唐朝的时候碰巧也称作"春"。其中的原因大概是饮酒之后，酒精往往会使人情绪亢奋，极端情况下还有可能令人失去理智和自控能力。这就使酒成为一种激活人体细胞、令人神经兴奋的标志物，因此，直到现在还有一些酒仍然在使用"某某春"这样的商标。

实际上，酒不醉人人自醉，醉人的并不是酒，而是喝酒过度之人。相较于大自然的早春美景，如果沉迷杯中之物，实在是辜负了大好春光。明代诗人舒頔（dí）在《立春》中写道："百卉已萌茁，光风扇晴波。"在这天地万物萌动的时节，如果能应和着大千世界的旋律，醉心于初春的迷人景致，让自己的心也跃动起来，激荡出活力与希望，那么，一年之计就会从美好的春天起锚，向着金秋的丰收扬帆远航。

雨水

『雨水』节气对于中华文化的发源地中原一带来说，喻示冻土消融，土壤水分增多，水汽上升，导致降水概率增加。

雨 水

年夜饭阖家团圆的余韵犹在，迎新的爆竹声渐趋尾声的时候，又一个节气就要登场了。

雨水，这是一个简单明了、直奔主题的名称，一看之下，就让人明白时序将要进入多雨的季节了。

诗圣杜甫曾有一首妇孺皆知的《春夜喜雨》："好雨知时节，当春乃发生。随风潜入夜，润物细无声。野径云俱黑，江船火独明。晓看红湿处，花重锦官城。"这是江舟渔火的春夜，微风习习，细雨如丝，岸上桃花静悄悄地吐蕊；晨曦微露时分，春雨洗礼后的万千枝头一片粉红，把享有"芙蓉城"美誉的成都妆点得更加妖娆。

杜甫的诗文，写的是蜀中成都的春色，可见客居数年的成都在诗人心中俨然已是第二故乡，一草一木都植根在诗人内心深处，诗人爱春天，也爱这个第二故乡。

相比之下，与杜甫同样出生于河南的唐代大文豪韩愈，由于出仕后基本上都是在都城长安为官,而且对朝廷也是忠心耿耿,所以长安在他心目中的分量是极重的。因此,他所创作的《早春呈水部张十八员外》,描写的完全是都城的景致了:"天街小雨润如酥,草色遥看近却无。最是一年春好处,绝胜烟柳满皇都。"早春的细雨滋润着大地,一株株小草悄然染绿,近看若有似无,远观则灿然一片嫩绿,柳色如烟的长安城,景色堪比宋代词人柳永笔下"烟柳画桥,风帘翠幕"的杭州了。

春雨贵如油,体现了数千年农业文明的厚重积淀和劳动人民的智慧结晶,早春淅淅沥沥的小雨总是给人带来丰收的希望。

"雨"这个字甲骨文写作⾬等,最上面的一横代表"天",下面是雨滴落下的样子,很形象地把降雨这种自然现象用文字表达出来了。

由于雨是从天而降,于是,当远古时期科学观念和技术手段还处于萌芽之前的时候,古人一般认为天上有专门负责降雨事务的天神。因此,殷商时期一位被称作"媚"的女神就成了人们敬奉的雨神。到了汉代以后,传说中服食天地精华得道成仙的"赤松子"又成为人们心目中的"雨师"。另外,也有传说认为西方七宿中的"毕星"是雨神,后来则是龙王成为行云化雨的化身。

既然是神灵主宰风雨,因此,古代的祈雨活动就十分常见。例如《晋书·礼上》:"武帝咸宁二年,春久旱……始祈雨于社稷山川。"此外，历代文人作品中也不乏祈雨这一类主题，比如唐朝的张九龄、韩愈、柳宗元、刘禹锡等人就都曾经写过祈雨主题的诗作。

据若干古代文献引用、原书已亡佚的晋代刘彧著《长沙耆旧传》记载："祝良，字召卿，为洛阳令。岁时亢旱，天子祈雨不得。良乃曝身阶庭，告诚引罪，自晨至申，紫云沓起，甘雨登降。人为歌曰：天久不雨，烝人失所，天王自出，祝令特苦，精符感应，滂沱下雨。"传闻是否属实姑且不论，这位名叫祝良的官员，能够在大旱之年为消减旱情而在烈日下赤膊曝晒几乎一整天，以求天降甘霖，其用心良苦可见一斑，难怪老百姓会为其创作歌谣并传唱。

雨下到地面便成为滋润万物的水。"水"这个字甲骨文写作，中间弯曲的笔道表示流水，两边是水滴形状，它最初的意思是河流，例如白居易《长相思》："汴水流，泗水流。流到瓜洲古渡头，吴山点点愁。"后来它也可以表示江河湖海等一切水域，如"水陆两栖动物"；以及那种无色透明的生命之水，例如《荀子·劝学》："冰，水为之，而寒于水。"

地上的水和天上的雨，实际上是一种物质的轮回和循环，水变成气体蒸腾上升，高空遇冷凝聚，又化作云雨回归大地，然后迎来再一次汽化与蒸发……

"雨水"这个节气仿佛就是把水和雨的循环过程删繁就

简、统而言之了。因此，如果仅仅把这个节气的内涵理解成下雨或者是降到地面的雨水，应当说都不够完整。

《礼记·月令》说："仲春三月，始雨水。"而仲春指的是从春季第三节气开始到第四个节气结束那段时间，可见，中原地区真正的天降雨水一般是在"雨水"这个节气之后。那么，"雨水"这个节气名称应当如何理解呢？

或许，雨、水循环正是这个节气隐含的一种意思。因为，早春时分，严寒消退，地表温度逐渐升高，自然形成了让水汽化、蒸发的适宜环境。

另外，"雨"这个字还具有第四声读音和与之对应的降雨、降雪等含义，如《诗经·小雅》中的"雨我公田"，还有仓颉造字的传说"天雨粟，鬼夜哭"等。因此，把"雨水"这个节气的"雨"理解成"降下"可能是这个节气包含的又一层意思。因为就算在农历正月中"雨水"节气的时候，中原大地一般仍然处于落雪时节，正像俗话所说的"正月十五雪打灯"，而那些落到地面的雪却会在早春天气的回暖过程中，迅速融化，变为液态的水。这样看来，"雨水"最终的结果就是"降水"了。

总之，"雨水"节气对于中华文化的发源地中原一带来说，并不一定意味着细雨绵绵的季节，而是喻示冻土消融，土壤水分增多，水汽上升，导致降水概率增加。因此，这个节气可以说是充满希望的节令。

现在，在四川等地还保留着"雨水"节气的一些风俗，其中一种风俗是为年幼的儿女认干亲，目的是希望干亲可以像春天的雨露一样滋润子女健康成长；另一种是女儿偕女婿回娘家感谢父母养育之恩时，母亲亲手为女儿缝制一件红色衣裤，寓意女儿怀孕生子。这两种风俗，显然都寄托着人们心中美好的期望。

父母对子女的殷切希望，其实何尝不是一种滋养儿女身心的雨露呢。也正是由于雨水养育万物的本质，所以文人咏雨，实际上也是在吟颂生命，蕴含着赞美、感恩之情。例如汉乐府《郊庙歌辞》中的《赤帝歌》，其中就有"雨水方降木槿荣""庶物盛长咸殷阜，恩泽四溟被九有"等诗句。歌词在歌颂赤帝的同时，其实也是在赞颂恩泽四海、九州，令万物生长壮大的雨水。

文人咏雨，除了抒发情怀，有时还会体现出某种文学或者是生活方面的情趣。

明代人称"船山先生"的文人王夫之，曾填过一首《清平乐·咏雨》，词中写道："归禽响暝，隔断南枝径。不管垂杨珠泪迸，滴碎荷声千顷。随波赚杀鱼儿。浮萍乍满清池。谁信碧云深处，夕阳仍在天涯。"

这首词标题是咏雨，然而通篇均为雨中景物，全文不曾出现"雨"或"雨水"等字样，完全是一种间接烘托的写作方法。但是，逐句读来，又处处感受到雨，作者臻于化境的驾驭文字功底不能不令人叹服。

这首词首先写了云起蔽日,风来欲雨,群鸭鸣叫着赶回鸭寮,叽叽嘎嘎地挤满了("南枝"指家或家乡)小路。随后是雨滴落在杨树枝叶和千顷荷叶上,顿时天地间一片"嘈嘈切切错杂弹,大珠小珠落玉盘"的景象。池塘霎时水涨,涌起一池浮萍,点点溅起的水花仿佛投食的饵料,逗引得鱼儿你争我抢,好不热闹。在这弥漫天地、洗濯万物的茫茫雨雾之外,一轮夕阳却依然红艳。

雨,不论时节,无关大小,在喜雨的人看来,雨打芭蕉,疏点还歇,恰好衬托了夜的静谧;如若雷鸣电闪,豪雨倾盆,又是胸襟为之一振的豪迈。诗圣的《春夜喜雨》总是引领我们走进"润物细无声"的宁静;而他的《喜雨》,则又向世人呈现出"安得鞭雷公,滂沱洗吴越"的豪气。

世间之物,世间之事,映入人的眼帘皆同,但如果人不相同,抑或心境不同,物与事引起的感受也就大不相同了。因此,杜甫眼中的"春夜喜雨"在一些人眼里、心里,却成了愁绪万千、愁肠百结的催化物。

北宋词人史达祖,其人一生科举不中,后来曾依傍权贵而一时得意,却又在权贵身陷囹圄被治罪时受到牵连。他所作的《绮罗香·咏春雨》,篇中文辞冷艳,意境凄凉:"做冷欺花,将烟困柳,千里偷催春暮。尽日冥迷,愁里欲飞还住……临断岸,新绿生时,是落红,带愁流处。"

春花沐雨,柳丝如烟,这一切在史达祖眼里反而成了"欺"与"困";草木新绿,碧染江岸,也令他感慨流水落花春去也。可见,人生际遇明显是影响人观物、感物的关键。又试问,普天之下,如范仲淹所说"不以物喜,不以己悲"的达观之人能有几何?

喜雨或者伤雨,这是人对自然物的自身感受,而"雨水"这个节气却并不以人的意志为转移,它一般总是依时令而来,随时令而去。但是,所有的节气虽然肯定是依时循环、固定不变,然而不同年份的同一个节气,有时却会呈现出不同的气象条件。例如《礼记·月令》:"孟春行夏令,则雨水不时,草木蚤落,国时有恐。"这句话说的是早春时节如果天气回暖太早,气温骤升如夏日,就很可能导致春天降雨节奏变乱,草木过早凋零,从而给国家带来灾害、造成损失。

因此,我们每一位中华儿女从心底,都希望我们的祖国永远像《列子·黄帝》中所说:"阴阳常调,日月常明,四时常若,风雨常均,字育常时,年谷常丰。"愿我们具有数千年优秀文明的中华大地风调雨顺、富强昌盛!

惊蛰

惊蛰，也意味着农闲结束、农忙开始。农谚云：『到了惊蛰节，锄头不停歇』，这是耕田犁地的号角。

惊 蛰

春光明媚，冻土消融，草木复苏，在寒冷的冬季沉沉睡了一大觉的冬眠动物们就要苏醒了。

两宋之交，与张孝祥一起号称南宋初期"词坛双璧"的张元干，曾作《甲戌正月十四日书所见，来日惊蛰节》："老去何堪节物催，放灯中夜忽奔雷。一声大震龙蛇起，蚯蚓虾（há）蟆也出来。"

这首诗描述的是惊蛰时节春雷阵阵，龙蛇、蚯蚓、蟾蜍等纷纷从冬眠中醒来的情景。可是令人不解的是，现在的惊蛰节气一般是在农历二月初，很少出现在正月的时候，尤其还是正月十五元宵节那天。这是怎么回事呢？

原来一直到汉朝初年，惊蛰和雨水这两个节气的次序跟现在还是颠倒的，惊蛰在前，雨水在后，汉代以后才把它们的次序调整为一直沿袭到现在的节序。例如晋代杜预《春秋左传正义》："故汉氏之始以启蛰为正月中，雨水为二月节。

及太初以后，更改气名，以雨水为正月中，惊蛰为二月节，以迄于今，踵而不改。"这段话明确告诉我们，汉武帝（"太初"是汉武帝的一个年号）之后"雨水"和"惊蛰"这两个节气才调换了顺序，并且一直延续下来。"启蛰"是汉代之前"惊蛰"节气的名称，据说是为了避汉景帝刘启的名讳，所以才改成了"惊蛰"。

另外，元代马端临在《文献通考》中则说，"雨水"和"惊蛰"调换次序是三国时期年号"太和"的魏明帝曹叡之后的事情。根据杜预和马端临所处的历史时代，或许前者的论述更接近事实。

然而，无论依据"杜说"还是"马说"，到了宋代的时候，按理说"惊蛰"已经是农历二月节了，可是张元干在诗里为什么仍然沿用了汉代之前的节气顺序呢？这确实是个让人困惑的问题。

宋末元初文人仇远也有一首以惊蛰为题的《惊蛰日雷》："坤宫半夜一声雷，蛰户花房晓已开。野阔风高吹烛灭，电明雨急打窗来。顿然草木精神别，自是寒暄气候催。惟有石龟并木雁，守株不动任春回。"

这首诗主要写的是惊蛰日雷鸣电闪、风疾雨骤，入夜掩蔽的屋门被吹开，照明的灯烛也被打熄，然而，复苏的草木却在寒暖交替之际，精神陡然一振。只有那些没有生命的石龟与木雁，却任凭风雨雷电，依然故我地在春天到来的脚步声中安之若素，岿然不动。

"惊"这个字有两个来源，一个是这种字形本身，也写作"悢"等，读音是 liáng，意思是悲伤；另一个原本写作"驚"，上面的"敬"表示字的读音与它接近，下面的"马"表示字的意思与马有关，它最初的意思是马由于受到刺激等而失去控制，后来也表示由于受到突如其来的刺激或惊吓而精神紧张，如"惊喜""胆战心惊"等。此外，它还表示产生刺激的震动、惊动等行为动作，如"惊堂木""打草惊蛇"等。再如李清照《如梦令》："常记溪亭日暮，沉醉不知归路。兴尽晚回舟，误入藕花深处。争渡，争渡，惊起一滩鸥鹭。"

"蛰"这个字上面的"执"表示字的读音与它接近，下面的"虫"表示字的意思与昆虫有关，它最初指的是动物潜伏冬眠，类似进入休眠状态的计算机，能量消耗已经降至极低。

可见，"惊蛰"这个节气的寓意是早春的滚滚雷声惊醒了冬眠的动物。例如《吕氏春秋》："开春始雷，则蛰虫动矣。"

既然春雷震耳，所以惊蛰的"惊"字，比较适宜的解释应当是"震动"。例如南宋诗人洪咨夔《临江仙》："一声惊起梁尘。"声波震荡，屋梁上的浮尘居然扑簌簌随声而下，不难想象这声音有多么响亮。

还有李白《猛虎行》："旌旗缤纷两河道，战鼓惊山欲倾倒。"

诗仙的这首诗成于"安史之乱"以后，通篇以述说历史为主线，烘托出当时的战乱给家国、百姓带来的动荡与混乱，表达了诗人厌恶战争离乱、向往和平盛世的心情。

李白诗中颇具排山倒海之势的是铿锵战鼓，而按照古代风俗，"惊蛰"那天确实有给鼓蒙上皮子的传统。例如《周礼·冬官·考工记》："凡冒鼓，必以启蛰之日……鼓大而短，则其声疾而短闻；鼓小而长，则其声舒而远闻。"《周礼注疏》中则有："蛰虫始闻雷声而动，鼓所取象也。冒，蒙鼓以革。"从这些古代文献可以看出，西周时已经形成了惊蛰日蒙鼓皮的制度，而且之所以出现这种制度，是由于鼓声可以象征雷声。

清朝时官至湖北等地布政使以及安徽巡抚的浙江人闵鹗元，精于处理诉讼、判案等事务，并以清理积案著称。此人年少时由于把惊蛰日擂鼓的传统用于对对子，结果还成就了自己的亲事。

据清代梁章钜《楹联丛话全编》记载，闵鹗元九岁时，他未来的岳父在元宵佳节大宴宾客，由于闵鹗元同岳父家原本沾亲带故，于是也应邀前往。然而那年元宵节天公不作美，不巧碰上了"正月十五云遮月"。因此，宴席东道主便责成仆人在府中张灯结彩，同时又在席间和宾客一道玩起"击鼓催花"游戏，以助酒兴。酒至半酣时，陶醉于灯火辉煌、莺歌燕舞的主人，一时起了对对联的兴致，他吟出一句"元宵不见月，点几盏灯,为河山生色"充当上联,然后请宾客们对出下联。那一天,恰好也是惊蛰节气,初生牛犊不怕虎的闵鹗元便朗声对道:"惊蛰未闻雷,击数声鼓,代天地宣威。"一语既出,举座皆惊,众人都对这位神童刮目相看。闵鹗元未来的岳父更是满心欢喜,对这位少年的才华称赞不已,当即把自己的爱女许配给了这位后起之秀。

这段佳话一来说出了元宵节悬挂彩灯、惊蛰日擂响大鼓的传统;二来也称赞了闵鹗元翁婿二人的才情与机智。因为宴席现场既有灯彩,也有鼓声,老少才子一方面明了节令传统,另一方面也是触景生情,即席联想与遣词造句的功底令人叹服。

不过,这段清代逸闻与本文开头宋代文人张元干的诗作《甲戌正月十四日书所见,来日惊蛰节》一样,也给我们留下了需要探究的问题,那就是多部古代文献关于"惊蛰"节气在汉代之后原本调整到了农历二月的记载,为什么在宋代甚至清代文献中,却仍然出现了正月十五惊蛰日的说法?看起来,综合考据、参照古代文献依然是一项十分必要的工作,同时也是一项比较艰巨的任务。

除了蒙鼓皮,由于打雷是惊蛰的一个标志,所以惊蛰那天家家户户也会在户门上张贴雷神画像,并在家中或者前往庙宇摆放供品,祈盼风调雨顺。

另外,我国岭南地区目前还保留着惊蛰日"祭白虎"和"打小人"两种民间活动。据说白虎象征口舌之争,祭白虎则是用猪血和猪油抹在老虎画像的嘴上,寓意喂饱老虎,使它不会开口伤人,以此化解口舌之争。"打小人"则是在纸上画好类似人形的东西,用它代表一切不好的人和运气,然后用小棒槌等进行击打,寓意赶跑小人和霉运,一年顺顺当当。

其实从这两种活动看,不论是白虎、小人还是霉运,之所以在惊蛰日抑制它们,似乎与这个节气意味着动物苏醒、蠢动有关,因为有些动物对人来说是有害的,例如毒虫、猛兽等等,所以一切不好的东西就用白虎和小人作代表了。

还有,按理说惊蛰的时候由于春季刚刚开始不久,所以并无应季时鲜上市,但是民间却有惊蛰那天吃梨的习俗。不过,有关这种风俗的来历却存在着多种说法,其中有一种传说与清朝年间的晋商有关。据说当时有一位走南闯北做生意的山西商人,其祖上以贩梨创业,当他继承祖业于某年惊蛰日即将走西口跑生意的时候,他父亲要他吃了一个梨,为的是让他牢记祖上创业艰难,同时也期望他此番"离"家闯荡能够一帆风顺。

当然,惊蛰吃梨的习俗也有其他一些说法,比如吃梨是为了让害虫远"离"庄稼,或者为的是让人远"离"毒虫害虫等。这些说法中,比较客观的应当还是春季养生的需要。根据李时珍《本草纲目》,梨具有"治风热、润肺、凉心、消痰降火、解毒"等功效,恰好与北方春季乍暖还寒、气候干燥的季节特征相匹配。

惊蛰，也意味着农闲结束、农忙开始。农谚云："到了惊蛰节，锄头不停歇"，这是耕田犁地的号角。

唐代诗人韦应物有一首《观田家》："微雨众卉新，一雷惊蛰始。田家几日闲，耕种从此起。丁壮俱在野，场圃亦就理。归来景常晏，饮犊西涧水。饥劬（qú）不自苦，膏泽且为喜。仓廪无宿储，徭役犹未已。方惭不耕者，禄食出闾里。"

这首诗从惊蛰的景物写起，春雨洗礼，草木清新。然后写农忙景象，青壮年劳力一齐下田耕作，打谷的场院也一并收拾停当，暮色中三三两两的种田人收工归来，犁地的耕牛也终于得空饮溪流解渴。朴素憨厚的庄稼汉，面对日复一日的辛劳完全不以为苦，反而会由于天降甘霖而心花怒放。这些农家，家家户户都无过夜的余粮，可是官府的徭役却丝毫未减。那些"不稼不穑，胡取禾三百廛（chán）兮"的食肉者，他们一年三百六十五日的锦衣玉食，哪一样不是出自这些辛勤劳作、并被官府和富人盘剥的穷苦大众之手？

惊蛰日的农忙，不仅引起诗人关注农民的劳作，而且还引发了诗人对当时社会形态的思考，表达出他以统治阶级不劳而获为耻的意识，这无疑大大提升了诗文的内涵与品质。

春分

春分的寓意就是白昼和夜晚时长相等，季节处于寒凉与暑热之间。

春 分

新春伊始,虽然已有早春意象,但是严寒显然还未完全退去,寒暖交锋,此消彼长,不知不觉之间,季节的主旋律已经被和暖的气氛所笼罩。

苏东坡曾为其好友、诗画俱佳的诗僧惠崇的画作《春江晓景》题诗,前后一共题了两首七言绝句。

其一题《鸭戏图》:"竹外桃花三两枝,春江水暖鸭先知。蒌蒿满地芦芽短,正是河豚欲上时。"

其二题《飞雁图》:"两两归鸿欲破群,依依还似北归人。遥知朔漠多风雪,更待江南半月春。"

苏东坡这两首诗,诗中见画,意境极美。第一首:翠竹掩映着粉艳的桃花,江流回暖,群鸭嬉戏,蒌蒿丛丛绿,芦芽正嫩时,肥美的河豚也到了应季时节。

第二首:北归的大雁,骨血里无疑是"胡马依北风"的思乡情结,可是它们旅居南国日久,挥别时也难免生出"越鸟巢南枝"的客居眷恋。

根据季节征候,春催桃李,大雁北归,这些都是春分前后的自然景观。苏轼的另一首诗《癸丑春分后雪》,标题已经点明是春分的主题,诗中历历可见桃李灿烂难胜雪、落英缤纷作絮飞。诗云:"雪入春分省见稀,半开桃李不胜威。应惭落地梅花识,却作漫天柳絮飞。"

这首诗主要是写比较少见的季节反常现象:

一股突如其来的倒春寒猛然袭来,落雪欺桃李,开至半程的桃花、李花不胜"风刀霜剑严相逼",一时花瓣飘零、纷纷扬扬。飘落的花瓣,大概是由于自身过早零落而自惭形秽,因此怕见到已经化作春泥的过季梅花,于是便化作漫天飞絮滞留在空中。

苏东坡的诗,不仅写出了花瓣雨的柔美和瑰丽,而且一个精妙的"惭"字,也令点点落红散发出妙曼、轻盈的灵动气息,凝结成一股耐人咀嚼的人情味。

春分降雪,这在中原一带的确少见,因为春分这个节气本来意味着昼夜、寒暑都处于比较均衡的状态,华北地区和江淮平原的平均气温基本稳定在 $10℃$ 左右。例如汉代董仲舒《春秋繁露》:"至于仲春之月,阳在正东,阴在正西,谓之春分。春分者,阴阳相半也,故昼夜均而寒暑平。"可见,春分的寓意就是白昼和夜晚时长相等,季节处于寒凉与暑热之间。

南唐末至北宋初的文学家，校订《说文解字》的徐铉也曾作《春分日》："仲春初四日，春色正中分。绿野徘徊月，晴天断续云。燕飞犹个个，花落已纷纷。思妇高楼晚，歌声不可闻。"诗中既有春夜月影徘徊、白昼碧空浮云，也有展翅如"个"字的归燕和飘舞如飞絮的落花，还有春日独倚高楼、思念良人的女子在浅吟低唱。

"春"字在前面的"立春"节气已经谈到，现在说说"分"。

"分"这个字甲骨文写作🔣，上面的"八"甲骨文写作)(，像是把东西分离、相背的形状，所以最初有"分开、分别"等意思，后来则被借用作更常用的数目字；下面的"刀"表示把物体分开的工具。因此，"分"字里面的"八"和"刀"都跟字的意思相关，而且由于古代读音相近的关系，"八"也同时表示"分"的读音。

根据"八"最初的字形，从比较刻板、教条的意义上说，"八"和"分"最初意思都是把一个东西分成两半，这一点从"半"最初的字形和意思也可以看得很清楚。

"半"金文写作🔣，由"八"和"牛"构成，以把牛分作两部分的意象，表示"一半"这样的意思。例如"半百、半价、半夜、半圆、半山腰、任务过半"等等。

南宋理学家朱熹写过著名的《观书有感》，其一："半亩方塘一鉴开，天光云影共徘徊。问渠那得清如许，为有源头活水来。"其二:"昨夜江边春水生,艨艟(chōng)巨舰一毛轻。向来枉费推移力,此日中流自在行。"

朱熹的诗完全是借景寓意,半亩池塘和一江春水,比喻的是书,也是知识,书卷虽小天地宽广,饱读诗书力能驱船。诗文的意趣、理趣均属一流。

相比朱熹,南宋女词人朱淑真的《西江月·春半》似乎就淡了理趣,却浓了柔情:"办取舞裙歌扇,赏春只怕春寒。卷帘无语对南山,已觉绿肥红浅。去去惜花心懒,踏青闲步江干。恰如飞鸟倦知还。澹荡梨花深院。"

这首西江月标题是"春半",点明了是写春分前后的内容。词中依稀可辨一位红粉佳人,在春天来临的时候,既想换春装、执纨扇前去踏春,又恐山野依然寒凉;卷珠帘眺望南山,无奈风雨摧折,满目海棠已是"绿肥红瘦";漫步江畔,心中难免泛起怜花惜春的怅惘,心情也变得慵懒;身心倦怠如归林倦鸟,一缕愁绪便悄无声息地融入萦绕庭院的梨花芬芳之中。

文人墨客的伤春情怀,惋惜的实际上并不是季节,而是生命灿然却短暂的春花,当然最深层的原因应当还是个人的人生际遇,例如李后主的《清平乐》:"别来春半,触目愁肠断。砌下落梅如雪乱,拂了一身还满。雁来音信无凭,路遥归梦难成。离恨恰如春草,更行更远还生。"触发愁绪的落花,勾起的其实是像春草一般不断滋生的离恨以及家国难再的无助。

花开花落之间，虽然离愁别绪五味杂陈，但是春天却依然给人带来无限新气象。普照万物的太阳便是这个季节当仁不让的主角。按照《礼记》记载，"天子春朝（cháo）日……朝日以朝（zhāo）"，这是我们祖先在几千年前形成的于春分日早晨祭祀太阳的传统。

官方祭祀太阳这种礼制，根据史料记载是从西周开始的，但是中华历史早已出现太阳崇拜。例如，根据考古发掘，河姆渡、赵宝沟和三星堆等文化遗址中，都有类似太阳图腾的文物出土，说明我们祖先对太阳的崇拜已经有十分久远的历史。这些历史积淀无疑是后来产生春分祭日的基础。

另外，祭祀太阳由于是一种非常重大的正式礼仪，所以清代潘荣陛在《帝京岁时纪胜》中写道："春分祭日，秋分祭月，乃国之大典，士民不得擅祀。"而且，为了显示这种仪式的庄严与郑重，明、清两代，皇家还专门建立了现在坐落在北京市朝阳门外东南方向、用于举行祭日仪式的场所——日坛。

汉乐府《郊庙歌辞》中也有几段《朝日乐章》，其中就有歌颂太阳的："明鉴万宇，照临兆人。永流洪庆，式动曦轮。"这里的"曦轮"是太阳的一种别称，歌词大意是太阳高悬在天空，光芒洒满人间，穿越昼夜春秋，给天地万物带来巨大福祉。

春分祭祀太阳，是因为从这个节气开始，白昼逐渐要比夜晚变得更长了，这就相当于日照时间将会越来越长。无限春光中,正是农忙好时节,因此,民众也通过"送春牛"等活动象征农耕季节的一个高潮,并喻示能有好年景。

"送春牛"这种活动历史悠久,而且还催生了"说春"这种曲艺形式和"春官"这类民间艺人。此外,唐朝武则天光武元年还曾经把礼部改名为"春官",主理礼部事务的尚书也改称"春官尚书"。

封建时代的礼部,一项重要职能是主管官方的祭祀事务,而与春分有关的祭祀肯定是以祭日为主,但是由于涉及春耕,所以我国古代春分时节也有祭祀土神、土地神的传统。

根据文献记载,土神也称"社神",是传说中怒触不周山的"共工"的儿子,名叫"句(gōu)龙",也就是我们常说的"皇天后土"中的"后土"。而土地神则有地域性,不同地域各有管辖自己这片区域的土地神,例如精忠报国的岳飞就曾被奉为临安太岳土地神。

不论是祭祀土神,还是祭祀土地神,人们心中的期望其实都是风调雨顺、五谷丰登。在祭祀活动发展过程中,后来还形成了固定的场所和稳定的民间组织,这样的场所和组织也称作"社"。坐落在北京安定门外的"地坛"就是封建时代皇家祭祀土神、谷神的场所。

皇家在社稷坛举行祭祀大典,民众则是于春分前后,在自己建立的"社"中拜神、欢聚,祈盼丰收。

有关民间春季祭祀的"春社",古代文献多有记载。宋代诗人陆游也写过一首《春社》,诗中写道:"桑眼初开麦正青,勃姑声里雨冥冥。今朝有喜君知否,到处人家醉不醒。"这首诗写的正是桑叶嫩、麦苗青的仲春时节,布谷(勃姑)鸟在绵绵春雨中啼叫声声,参与春社活动的人们心情愉悦,不少人家都有在喜庆日子里爱喝两口的家人,他们酒酣耳热之后,心满意足地沉沉入梦。

同样的情景在晚唐诗人王驾的《社日》中也有反映:"鹅湖山下稻梁肥,豚栅鸡栖对掩扉。桑柘影斜春社散,家家扶得醉人归。"诗中的"鹅湖"应当指的是江西上饶铅(yán)山县"鹅湖书院"的所在地,该书院规制虽小,却由于朱熹和陆九渊、陆九龄兄弟对谈雄辩的"鹅湖之会"而声名鹊起。

素以词中金戈铁马著称于世的辛弃疾,也曾经写过一首《鹧鸪天·游鹅湖醉书酒家壁》:"春入平原荠菜花,新耕雨后落群鸦。多情白发春无奈,晚日青帘酒易赊。闲意态,细生涯。牛栏西畔有桑麻。青裙缟袂谁家女,去趁蚕生看外家。"老人家于沙场浴血的思绪中,偷得浮生半日闲,踱步酒家赊一壶酒,放空心思闲看人世,既观览田园,又瞥见趁着农忙来临之前、步履匆匆去探望娘家的青年女子。

看起来,春忙与春闲倒像是一对孪生子,只是喜庆、闲适虽好,贪杯毕竟伤身,而且还会误事,适量助兴才是正道。

綠撚依依綠
金垂裊裊黃

清明

用『清明』表示暮春开端时的节气，与『清、明』这两个字本身的意思、自然界在这个时段的特征以及古老的传统习俗等，都有着密不可分的联系。

清 明

春分之后,太阳每天与我们接触的时间越来越长,明亮的阳光普照大地,也使得太阳有了"大明神"的美誉。而春分之后,恰好一个名称里含有"明"的节气就要登场了。

"清明"是我国农历春季的倒数第二个节气,也是一个扫墓祭祖的传统节日,时间处于春季最后一个月的开始。

历代文人吟咏"清明"的佳作不胜枚举,唐代的孟浩然、杜甫,宋代的王禹偁(chēng)、黄庭坚、高翥(zhù)等人都有以《清明》为题的作品,其中最著名的无疑是唐代诗人杜牧那首脍炙人口的《清明》:"清明时节雨纷纷,路上行人欲断魂。借问酒家何处有?牧童遥指杏花村。"清明时节,遥想天人永隔的亲人,挂满脸颊的,不知是漫天细雨,还是心中的泪水。因此,诗人婉劝世人,逝者已去,而生活还要继续,莫若一壶清酒聊解思念之痛。

类似杜牧清明日缅怀亲人这样的内容,已经成为我国古代吟咏清明节诗文的一个必然主题。与此同时,由于清明节适逢草木新绿、群芳绽蕾,江河解冻后水流澄澈,因此也是踏春、赏春的好时节。

宋代理学家程颢(hào)就曾在清明节作《郊行即事》:"芳原绿野恣行事,春入遥山碧四围。兴逐乱红穿柳巷,困临流水坐苔矶。莫辞盏酒十分劝(也有版本作"醉"),只恐风花一片飞。况是清明好天气,不妨游衍莫忘归。"

理学家作诗也是与众不同,流连美景、饮酒助兴之余,还不忘提醒游人记着回家。再看人家写的内容,逻辑性也并非常人可比。诗中首先写主人公兴致勃勃去踏青,然后便看到了青山四野围合的景象,随后是玩兴大起地在红花绿树之间穿梭流连,感觉疲劳了则在江边寻石矶歇息。而且诗人还有"东篱把酒"的兴致和预先做好的功课,所以歇息之际还有美酒助兴,只是由于珍惜群花,同时也怕飞花一片影响了赏春心境,因此诗人内心深处还是不希望疾风摧落花瓣。

"清明"踏青,仿佛昭示着"青""清"之间关系非比寻常。

"清"这个字由三点水"氵"和"青"构成,它最初指的是水的纯净和清澈,例如许慎在《说文解字》中对它的解释就是:"朖(通'朗')也。澄水之貌。"东汉的刘熙在《释名》中则说:"青也。去浊远秽,色如青也。"

这些解释告诉我们,"清"含有"清澈、碧绿"等意蕴,就像唐代诗人白居易《忆江南》中"春来江水绿如蓝"所描写的那一江清流。

李白曾作《上皇西巡南京歌十首》，其中第六首是："濯锦清江万里流，云帆龙舸下扬州。北地虽夸上林苑，南京还有散花楼。"不论这首诗究竟是在赞颂唐玄宗的皇家威仪和皇家园林的富丽堂皇，还是明扬暗讽这位于"安史之乱"时逃离国都长安西狩的帝王，"清江万里"却明明白白是在称颂水流清澈、可以浣洗蜀锦的锦江。

五代宋初诗人刘兼的《登郡楼书怀》中也有两句："烟雨楼台渐晦冥，锦江澄碧浪花平。"诗句写的也是澄澈、青绿的锦江水。

联系到"清明"所指的暮春时节，正是西北高原江河源头冰雪消融和广袤的中原大地"柳色绿初成"的时候，因此，澄澈的江河再加上两岸的柳色，究竟是上涨的江水吸收了光线之后漫散出碧玉的光泽，还是摇曳的垂柳在清流中倒映出绿色的衣装？或许答案并不那么重要了，因为我们的身心早已融化在这迷人的春景之中。

按照许慎等人的解释，"清"其实也含有"明朗"的意思，而"明"这个字集"日、月"于一身，显然表示"明亮、光亮"等意思。例如诗仙李白的名篇《梦游天姥（mǔ）吟留别》："越人语天姥，云霞明灭或可睹。"

而与春季联系在一起，"明"这个字本身以及它所包含的"日"也使得它承载了与太阳相关的意蕴，因为按照传统，春分时祭拜的太阳，别称就叫"大明神"。

由此可见，用"清明"表示暮春开端时的节气，与"清、明"这两个字本身的意思、自然界在这个时段的特征以及古老的传统习俗等，都有着密不可分的联系。例如成书于西汉的《淮南子》，里面已经有"春分后十五日，清朗明净之风吹来"这样的意思。而成书于清末的《燕（yān）京岁时记》，引文中更有"万物生长此时，皆清洁而明净，故谓之清明"这样的表述。

至于清明节成为一个传统节日，那大约是从唐代开始，逐渐确定下来的事情了。

当然，"清明"并不是在唐朝时一夜之间成为一个传统节日的，相关习俗可以追溯到更遥远的古代，最初与春秋时已具雏形的"寒食节"有关。

"寒食节"起源于春秋时晋国君主晋文公重耳和忠臣介子推。相传，当重耳还是公子身份时，介子推曾经在他们君臣落难时从自己大腿取肉当作维持重耳生命的食物，可是后来却辞官不做，回家陪侍老母。而重耳即位后，又想要介子推回朝做事，以致采取了放火烧山以逼出介子推母子这种愚蠢至极的方式而酿成大错。当他面对已被山火烧成焦炭的恩人母子，心中的震惊与哀恸（tòng）大概只有他自己能够体会。于是他下令，从今往后每年的这一天举国禁火,饭菜也不许加热。这便是"寒食节"的由来,其目的是纪念、祭奠逝去的故旧。

　　唐代诗人孟云卿,流传下来的诗作数量有限,《寒食》是其中比较著名的一篇:"二月江南花满枝,他乡寒食远堪悲。贫居往往无烟火,不独明朝为子推。"这首诗写的是客居他乡的游子,在春满枝头的寒食节,难掩思乡之苦,而且由于家贫,故而无米下锅,断绝炊烟,其实也不全是为了纪念介子推。

　　比起客居他乡的孟云卿,颠沛流离的杜甫好歹寒食的时候还能有充饥的东西,例如《熟食日示宗文、宗武》:"消渴游江汉,羁栖尚甲兵。几年逢熟食,万里逼清明。松柏邛山路,风花白帝城。汝曹催我老,回首泪纵横。"但是,连年奔波不得安居,使得年事已高的杜甫健康状态每况愈下,于是在这样一个令人愁肠百结的日子,诗人感慨万端,内心深处一方面明白长江后浪推前浪的道理,但是对逐渐淡出历史舞台的宿命也发出了无奈的叹息。

　　唐代诗人韩翃(hóng)的《寒食》,主要写的是寒食节禁止烟火的例外情形:"春城无处不飞花,寒食东风御柳斜。日暮汉宫传蜡烛,轻烟散入五侯家。"诗中明确写了王公贵族的特权,他们在普天下禁止烟火的时候,却依然凭恃封建帝王的恩宠和特许,做着"只许州官放火,不许百姓点灯"的事情。

　　唐代著者不详的《辇下岁时记》里面也记载了"清明日取

榆柳之火以赐近臣"的事情。

寒食一过，烟火禁令取消，这时候老百姓就可以掌灯照明、引火煮饭了。杜甫的《清明二首》开篇便写道："朝来新火起新烟，湖色春光净客船。"这是诗人被迫离开长安，漂泊湘鄂时适逢清明所作。从篇首看，寒食过后，清明节一早，湖面上薄雾淡淡、炊烟袅袅，荡舟洞庭，一湖春色明净，四下无声，一切似乎都是那么安逸。但是，表面的宁静之下，一个"客"字还是暴露了诗人内心的波澜。颠沛流离，客居他乡，游子心里还是"树欲静而风不止"。

心中涟漪泛起，是因为诗人深切体会到"绣羽衔花他自得，红颜骑竹我无缘"。他羡慕翱翔天宇的飞鸟衔花自娱，而自己却不能像有情少年那般"郎骑竹马来"，与心仪女子两小无猜、心底纯真地"绕床弄青梅"。而且寒食节不能举火煮饭，也是"虚沾焦举为寒食，实藉严君卖卜钱"。诗人完全是以东汉官员周举提倡的寒食节禁火三日规制为借口，而真实原因却是自己已经像汉代文人严君平一样，沦落到不得不靠为人占卜换钱的境地。

当然，诗人对虽以占卜为生、却依然能潜心老庄之学而怡然自得的严氏，还是赞赏有加、十分羡慕的。所以，诗文结尾处，诗人乐观地总结道："钟鼎山林各天性，浊醪粗饭任吾年。"他非常通达地看待钟磬萦回、鼎器纷繁的铺排宴饮场面，深知自己还是更适合纵情山野、粗茶淡饭的悠闲自在。

　　大鱼大肉，青菜豆腐，本来就是不同人群或者不同胃口的备选，但无论怎样，"清明"总是可以吃上热饭热菜的日子。另外，古代"清明"前后民间还有"踏青"的传统。因此，后来就逐渐形成了"清明"祭祖、祭扫亲人陵墓并去郊外踏青的风俗，而且这种风俗到唐朝的时候已经渐渐固化为一种传统节日。

　　作为传统节日，"清明"其实也被赋予了诸多文化意蕴。例如据传重耳就曾在介子推母子遇难处发现了上面写有"割肉奉君尽丹心，但愿主公常清明"的布条。这种传说就把时令意义上的"清朗明净"与人头脑和心境的"清明"联系到了一起。而且据说和介子推母子一起被烧焦的一株枯柳后来却奇迹般地老树发新芽，因此也间接促成了后来人们在清明节插柳植树、头戴柳圈的习俗。在应时食品方面，由于"寒食"禁火和供奉祭品的需要，于是各地也相继出现了一些很有特色的时令美食，例如上海一带一种称作"青团"的点心等等。

　　祭祖是为了不忘本，是为了让我们中华民族的子子孙孙永远保持头脑清明，牢记昨日辉煌，把祖先未竟的事业更好地传承下去。

谷雨

「谷雨」的寓意是谷物得雨水滋润而生长。也有些文献认为「谷雨」的意思是「种下谷物」并使其生长。

谷 雨

清明一过,时令便进入暮春节奏,虽然白居易在《大林寺桃花》中向我们呈现了四月的幽谷深山刚刚开始的春意盎然:"人间四月芳菲尽,山寺桃花始盛开。长恨春归无觅处,不知转入此中来。"但是,此时我国大部分地区将要迎来的却是春季的最后一个节令——谷雨。

宋代范成大的《蝶恋花》,写的就是谷雨时的景象:"春涨一篙添水面。芳草鹅儿,绿满微风岸。画舫夷犹湾百转。横塘塔近依前远。江国多寒农事晚。村北村南,谷雨才耕遍。秀麦连冈桑叶贱。看看尝面收新茧。"

这首词宛若一幅淡墨淡彩的水乡水粉画:

春潮水涨,河岸绿草如茵,鹅儿嬉戏,画舫随逶迤的河道千回百转,抬眼望去,远方的塔仿佛近在眼前。水乡春寒,时令使农事后延,村落周边的田地谷雨时才耕作完毕。成片的麦苗吐穗,桑树枝繁叶茂,转眼间就可以品尝新麦、收获蚕茧了。

麦子、桑蚕的丰收令人期待，谷雨前后成熟的樱桃也让人唇齿留香。饱满鲜灵的樱桃由于是一年之中最早成熟的鲜果，所以在古代常常被用来敬奉神灵，例如《本草纲目》引《礼记》："仲春，天子以含桃荐宗庙。"这里的"含桃"指的就是樱桃，"荐"指的是供奉。

除了敬神，樱桃也是给人带来享受的美味，例如宋代词人曾觌（dí）就曾经写过一首吟颂樱桃的《浣溪沙》："谷雨郊园喜弄晴。满林璀璨缀繁星。筠篮新采绛珠倾。樊素扇边歌未发，葛洪炉内药初成。金盘乳酪齿流冰。"

这首词文辞优美，尤为精妙的是虽然主角是樱桃，然而通篇却无一处出现"樱桃"，而是以比喻和典故等间接表现。暮春时节，淫雨季已近尾声，天气晴好时漫步园林，那缀满枝头的点点繁星和盛满竹篮的紫色朱玉，一如东晋道士葛洪炼就的粒粒仙丹。红艳欲滴的浆果堪比白居易笔下貌美如花的歌姬樊素的樱红小口，剖果去核、置入净盘，然后淋上经过冰镇的新鲜乳酪和蔗糖浆，这是一道多么令人垂涎欲滴的甜品！

对于这样的美味，历代有幸品尝过的文人也大都留下过赞美的诗词。例如辛弃疾的《菩萨蛮·坐上赋樱桃》，开篇就是："香浮乳酪玻璃碗，年年醉里尝新惯。"

宋代的梅尧臣和洪子大也分别写过《并日得朱表臣酪及樱桃》和《浪淘沙·樱桃》。前者写道："昨日酪将熟，今朝樱可餐……应知消客热,远赠益盈盘。"后者则写道:"上苑又春残。樱颗如丹……荔子难攀,多情更有酪浆寒。"

  樱桃与乳酪,显然是形影不离,相衬相伴,而促成这段机缘的一个主要原因,正是谷雨这个节令。贾思勰的《齐民要术》里就记载着:"三月末,四月初,牛羊饱草,便可作酪,以收其利,至八月末止。"可见,农历三四月间,谷雨前后正是樱桃成熟、新酪制作的时候,所以才给樱桃与乳酪的完美结合提供了必要的条件。

  这种融多种材料于一体的美味,其实也正是中华民族大家庭的写照,因为樱桃是中原和江南等地的产物,而乳酪却是源自蒙古等北方民族的特色食品。汉代的时候,乳酪随北风南渐,开始融入中原和江南地区人们的生活,发展至唐代,已经成为一种饮食时尚。

  唐朝新科进士的揭榜时间由于恰逢谷雨前后,所以举办的庆典仪式后来就称作《花草字传》里曾经谈到的"樱桃宴"。根据五代十国时期王定保的《唐摭(zhí)言》以及《太平广记》等文献记载,唐朝宰相刘邺的儿子刘覃及第之后,刘家就曾大宴宾客。刘覃当时暗中派人花了大量银两,预购了几十棵树的樱桃。那个时候,京城里的樱桃才刚刚上市,因此价格昂贵,味道也还不到品尝的最佳状态,但是刘覃却在席间堆积如山,再加上冰镇过的糖浆、乳酪,一派千金散尽只图一口享受的富豪做派。尽管来客每人只有一小盘加了乳酪糖浆的樱桃，可是使用的酪浆加在一起也不下数升。甚至赴宴客人的随从与车夫，也都破天荒地得到了品尝美味的口福。

当然，谷雨时节虽然恰好樱桃应季，但是从节气名称看，显然粮食作物还是绝对的主角。

例如明代王象晋《二如亭群芳谱》："谷雨，谷得雨而生也。"还有清代黄奭（shì）《通纬·孝经援神契》："清明后十五日，斗指辰，为谷雨，三月中，言雨生百谷清净明洁也。"

按照这些文献的说法，"谷雨"的寓意是谷物得雨水滋润而生长。不过也有些文献认为，"谷雨"的"雨"应当读第四声，表示"降下"，所以"谷雨"的意思是"降下谷物"，也就是"种下谷物"并使其生长。

如果后面这种解读成立，倒也暗合了谷雨节气的另一种传统——祭祀仓颉。仓颉是传说中创造汉字的神人，据说他创造汉字的举动惊天地而泣鬼神，结果天上下起了"粮食雨"。因此，在陕西一带，谷雨的时候民间逐渐形成了祭祀"仓圣"的习俗。

"谷雨"虽然与谷物有关，但是现在的"谷"字却有两个来源，一个是这种字形本身；另一个是以前写作"穀"的那种字形。

先看这种字形本身。它在甲骨文里写作，上半部分像是流水，下半部分的"口"表示出入口的意思，上下合在一起表示山谷。例如《说文解字》："泉出通川为谷。从水半见（xiàn），出于口。"

按照许慎的解释，山谷之中多有从泉眼涌出的溪流，故上半部分字形采用了原本表示河流之"水"的一部分，这样的溪水流出谷口之后都将汇入江河。

百川归海，这原本是造化使然，然而善于观察入微、借物寓意的古人，对于海纳百川现象仍有独到见解，例如老子《道德经》："江海之所以能为百谷王者，以其善下之，故能为百谷王。"这句话的中心意思一言以蔽之：善于放低身段。

的确，任何想要成就大事之人，胸藏万千沟壑是十分必要的基础，但是，满腹经纶的人也必须有"虚怀若谷"的气度与诚意，要能够认真倾听、接纳正确的意见与建议，否则将很可能出现"皇帝新衣"的局面，难堪出丑甚至遭遇性命之忧也会成为自己必须付出的昂贵学费。

相对复杂一些的另一个"穀"字，它由"殼"在古代的另一种字形再加上"禾"字构成。"禾"在这里表示农作物；而"殼"则既表示字的读音，也和字的意思相关。因为这个"殼"字与"贝壳"的"壳"读音和意思都相通，所以就含有农作物籽实表面那层硬壳的意思。"殼"跟"禾"合在一起，指的就是谷类农作物，后来也指一切粮食作物。例如《国语·鲁语》："昔烈山氏之有天下也，其子曰柱，能植百谷百蔬"；再如《论语》:"四体不勤,五谷不分"。

由于粮食对于人类的重要性,所以"谷"后来就产生了"善、美"的含义,例如《诗经·陈风·东门之枌(fén)》:"谷旦于差(chāi),南方之原。"按照朱熹的解读,这首诗是:"男女聚会歌舞,而赋其事以相乐也。"两句话的大致意思是选了一个美好的早晨,我们一起来到南面的原野。"谷"在这里就是"美好"的意思,"差"则表示"选择"。

既然"谷"意味或象征着"美好",那么,"不谷"显然就是"不美、不好"了。例如《国语·楚语》:"恭王有疾,召大夫曰:'不谷不德,失先君之业,覆楚国之师,不谷之罪也'。"这段话里出现的"不谷",的确有"不好"的寓意,然而在这里却是楚恭王一种表示自谦的自称,这和人们常常用"不才"称自己是完全一样的。楚恭王的大致意思是:鄙人才学、德行都比较缺乏,有损先王创下的基业,给楚国的军队也造成了损失,这都是我的罪过。

"谷"同美好相关,也让我们想起了"好雨知时节"这样的诗句。"雨"这个字相对比较简单,读者朋友可以参阅前面的"雨水"节气。

另外,"谷雨"的美好,也表现在爱茶一族在这个节令的福气。

苏东坡绝对称得上是爱茶之人,与茶有关的作品也不在少数,他的《留题显圣寺》写的是:"渺渺疏林集晚鸦,孤村烟火梵王家。幽人自种千头橘,远客来寻百结花。浮石已干霜后水,焦坑闲试雨前茶。只疑归梦西南去,翠竹江村绕白沙。"这首诗大致创作于苏轼被贬广东途径江西的时候,诗中的"浮石、焦坑"均为当时江西的产茶地,而谷雨前采摘的"雨前茶"则是茶中精品。仕途多舛,文豪品茶的雅兴却丝毫不减,这真是令人钦佩的个性与胸襟。

唐代诗人齐己收到友人寄赠的雨前茶之后,也曾欣然命笔作《谢中上人寄茶》:"春山谷雨前,并手摘芳烟。绿嫩难盈笼,清和易晚天。且招临院客,试煮落花泉。地远相劳寄,无来又隔年。"茶美,采茶、饮茶的过程尤美,纤指捻拢氤氲间的嫩叶,取一瓢飘浮着花瓣的清泉烹茶,想必茶未入口,心已清甜。

不过,谷雨虽美,毕竟已是暮春,因此,心思细腻甚至有些脆弱的文人,常常会在谷雨时感慨春天的消逝。例如一生落寞的李煜,他的《临江仙》便充满了无奈与惆怅:"樱桃落尽春归去,蝶翻金粉双飞。子规啼月小楼西,玉钩罗幕,惆怅暮烟垂。别巷寂寥人散后,望残烟草低迷。炉香闲袅凤凰儿,空持罗带,回首恨依依。"

感慨也好,淡然也罢,季节轮转不由人,伴随着暮春离去的脚步,炎炎夏日已经近在眼前了。

第二章 夏

四时天气促相催,
一夜薰风带暑来。

立夏

『立夏』，这个节气的含义应当就是：时序到了自然界万物最适宜成长壮大的时节。

立 夏

春去夏来,大自然的节令其实与大千世界的植物生长过程是完全吻合的。因为春季雨水丰沛恰好有助于草木种子萌芽、衍枝蔓叶、扬花吐穗;而夏天的晴朗与日照,刚好也有益于草木花蕊壮大、籽实饱满并逐渐成熟。

宋代诗人赵友直曾作《立夏》诗:"四时天气促相催,一夜薰风带暑来。陇亩日长蒸翠麦,园林雨过熟黄梅。莺啼春去愁千缕,蝶恋花残恨几回。睡起南窗情思倦,闲看槐荫满亭台。"这首诗向我们呈现的就是四时循环过程中立夏节气的情景。诗里既有挟暑热而来的夏日的风,也有初夏阳光下还处在生长期的麦子,还有春雨洗礼之后成熟的梅子。黄莺声声鸣啭,仿佛在和春天依依惜别;蝴蝶飞来飞去,好像是为了落红而惆怅。在春天渐行渐远的时候,这一切都令人落寞叹息,清晨醒转也是身心慵懒,常常会百无聊赖地看着渐渐枝繁叶茂的槐树。

这首诗在写景以及抒发情绪方面,与唐代诗人韦应物的

《立夏日忆京师诸弟》倒是颇有相似之处。韦应物的全诗是："改序念芳辰,烦襟倦日永。夏木已成阴,公门昼恒静。长风始飘阁,叠云才吐岭。坐想离居人,还当惜徂（cú）景。"

韦应物的诗,第一句就表明时序更迭之际,心中怀念流逝的春天,而且厌倦白昼更长的夏日。"芳辰"在古诗文中常常用作"春天"的代称。当然,不管是树木成荫,闲坐官衙无事可做,还是夏天的风徐徐吹来,层层叠叠的浮云萦绕山头,诗人内心的情绪其实并非因景而生,而是由于思念远在京城的手足,并由此勾起了珍惜匆匆消逝的时光的心绪。

相比而言,宋代诗人陆游虽然身世坎坷,一生也颇抑郁,但是他的五言律诗《立夏》却给人清新、喜悦之感："赤帜插城扉,东君整驾归。泥新巢燕闹,花尽蜜蜂稀。槐柳阴初密,帘栊（lóng）暑尚微。日斜汤沐罢,熟练试单衣。"

红色旗帜插满城门,被称作"东君"的太阳乘坐传说中为太阳驾车的神灵羲和驾驭的马车如约归来。燕巢上新泥未干,雏燕嬉戏,"林花谢了春红",采蜜的群蜂因此而变得稀少。槐树、柳树日渐冠盖成荫,窗棂、竹帘间的暑气尚且希微。日暮时分洗濯沐浴,一身清爽试穿夏衣。

陆游立夏日的经历仿佛让人清晰地感受到了那份舒爽,因此也自然令人心生向往。

"立夏"的"立"在前面的"立春"节气已经解释过。"夏"

这个字,现在最常用的意思就是夏天,有些在夏季出生的人,他们的名字往往也有夏天的烙印,例如"夏生""初夏"等等。

那么,"夏"最初就是表示这个炎热的季节吗?非常遗憾,根据史料和现在的研究,"夏"这个字在造字之初其实另有他义。

根据目前的考古发现,在甲骨文、金文时期已经出现了"夏"这个字,虽然它同时存在着若干种大同小异的形体,但是基本上都是象形字。现在以甘肃礼县大堡子山秦公墓地出土、春秋早期青铜制品秦公簋(guǐ)上的铭文和《说文解字》所收录的金文字形为例,其中的"夏"大致是这个样子:🐛。

仔细观察这个字形,不难看出它是用线条勾画了一个人的形象,而且是一个有头、有身躯、有手、有脚的比较完整的"人"。字的最上边是一个繁体的"頁"字。这个字现在一般用来表示"一页书"的"页",而在古代,它最初就表示"头"的意思,而且要读作xié。比如现在我们仍然经常使用的与头部有关的一些字,像"顶、颅、颈、颊、颌"等,它们里面就都包含着"页"字。在"页"的下面,中间是古文字"人",表示从侧面看到的人的躯体;躯体的左右两边是"臼",表示人的左手和右手;最下面是"夂(suī)"字,它的古文字形 𠂇 像人体下肢的样子,意思就是腿脚。把上面这些部分合在一起,就形成了"夏"表示人的含义。只是在汉字演变过程中,由于字形简化和不同形体结构紧凑美观的需要,到了晚期隶书再到楷书,"夏"

在古文字中表示人的躯干、双手以及"頁"下面的撇和点就被省略掉了，于是便形成了现在我们使用的这个"夏"字。

《说文解字》对"夏"的解释是："中国之人也。"这里的"中国"并不等同于我们现在的中国，而是指当时西起河南西部和山西南部，东至河南、山东和河北三省交界处，南起湖北，北至河北的广大中原地区。之所以称作"中国"，是由于相对于周边其他地区而言，当时的人认为中原地区就是处在大地的中心，因此，这个区域的邦国自然而然也就被称为"中国"。这完全是一种从地理位置出发的概念，与我们今天具有国家主权意识形态的中国原本就不处于同一个层次。

"夏"从最初指生活在中土的华夏民族的始祖，到后来逐渐引申为指这片广大的区域。从"夏"字在古今文献中的使用情况看，事实正是这样。我们都知道，夏王朝的奠基人大禹，在治水过程中曾将夏朝管辖的疆域划作九州，正像《左传·襄公四年》中记载的："芒芒禹迹，画为九州。"因此，"九夏"也就成为夏朝疆域乃至我们现在华夏大地的一种称呼，比如在蔡东藩等人所著《民国通俗演义》里面，就有"各省响应，九夏沸腾"这样的例子。

除了"九夏"，"函夏""咸夏""方夏""诸夏"和"京夏"等也都可以表示整个华夏，例如唐代诗人王勃《拜南郊颂序》："揖让而取文明，指麾而清函夏"；还有清代藏书家，亦擅诗、画的广东中山人黄培芳的《罗浮放歌》："旷观五岳镇中原，衡山乃在诸夏半。"前者歌颂了中华文明以及治理、整顿之下的世道清明；后者则是为中华大地幅员辽阔而自豪，因为南岳衡山也只是位于中华大地南北的中间。

"夏"由于本身已经蕴含了地域广博的寓意，所以它后来就发展出"大"的意思，例如《尚书正义》的注释里就有："大国曰夏。"《春秋左传正义》中也有："中国有礼仪之大，故称夏。"

另外，《诗经》里面有"於（yū）我乎，夏屋渠渠"这样的诗句，"夏屋"就是"大屋"，"渠渠"则表示屋宇宽敞、深广的样子。而在另一部文献中，"夏"表示"大"的意思更加直截了当，这就是南北朝时期任昉《述异记》中的："杜陵有金李，李大者谓之夏李，尤小者呼为鼠李。"

春秋战国时期墨家代表人物墨子曾把《诗经》中的《大雅》写成《大夏》，这里面其实就暗含了对夏王朝及其疆域的尊重，因为"雅"具有"正统、标准"的意思，在古代，"雅言"指的就是通用的标准语，相当于我们今天的"普通话"。很显然，墨子认为夏朝及其地域所流传的东西应当是正统的、雅致的，是可以当作标准的。

而根据《史记·匈奴列传》的记载："匈奴，其先祖夏后氏之苗裔也，曰淳维。"夏朝灭亡之后，其皇室子嗣除了继续居留中原，另外还有两支分别向南方和北方迁移。其中向南方迁移的一支，经过世代繁衍生息以及民族融合，分别成了台湾原住民、海南岛黎族以及其他地区羌族、壮族和畲族等民族的一部分，有些人甚至还漂洋过海，最后定居印度尼西亚和菲律宾等国家。而向北方迁移的一支，大部分进入了蒙古高原，并通过与当地其他民族交往融合，逐渐形成了后世所称的匈奴。再往后，随着匈奴一族在历史上的数次迁徙以及与其他民族的融合，夏朝的苗裔也不断散布到四面八方并融入当地社会，如鄂温克族、锡伯族和达斡尔族等世代居住的地区。他们之中，还有一些甚至走出我们现实意义上的"国门"，成为现在俄罗斯、吉尔吉斯斯坦等国家的永久居民。

由此可见，华夏民族原本就是许多兄弟民族不断融合的大家庭，我们是一家人，是屹立于世界民族之林的华夏子孙。

说到"华夏"，我们都知道"华"这个字的古文形体表示的是"草木所开的花"，后来也有了"华彩""繁盛"等含义。而实际上，"夏"在字义发展过程中也有"五色华彩"的意思，例如《周礼》："秋染夏。"这句话的意思是秋季的时候适宜用五色颜料印染纺织品。再比如，有一种五彩羽毛的锦鸡叫"夏翟"，而过去那些车篷上带有五彩纹饰的马车则可以称作"夏缦"，再加上雕刻纹饰则又成了"夏篆"。

"大"和"五彩"，这些含义显然都和夏天这个季节有关。

因为夏季是草木生长壮大到极致的季节；而且"生如夏花"，大千世界万紫千红的景象也是夏天这个季节的专属。因此，东汉刘熙在《释名》中，对"夏"便作如此解释："假也。宽假万物，使生长也。"这种解释的基本意思是"夏"意味着给予，是给予万物以宽广的空间，使其易于生长壮大。

用这样的理念诠释"立夏"，这个节气的含义应当就是：时序到了自然界万物最适宜成长壮大的时节。

立夏的时候，古代帝王有身着一身红装、朱车朱佩率百官到南郊"迎夏"的仪式，民间也有"尝新"和"立夏吃蛋"等习俗。其中最具特色的当属立夏日称体重。

据传这种风俗与三国时刘备的无能公子刘禅有关。一种说法是蜀国被灭之后，当年被诸葛亮"七擒七纵"的孟获，谨遵诸葛亮嘱托，每年立夏那天都带兵去洛阳探望被司马炎掳走的阿斗，而且每次都要给阿斗称体重，看看他是否受到了虐待。另一种说法是东吴孙权的妹妹，由于曾经嫁给刘备，于是在刘备死后虽然回到娘家，但依然受托抚养刘禅，她为了让蜀国肱股之臣诸葛亮和赵子龙等人放心，所以每年立夏都给刘禅称体重，并告知蜀国一众老臣。

这样的传说无论真假，总是会令人对忠良之士肃然起敬。

小满

农历四月中,夏熟作物的籽实开始灌浆饱满,但还未成熟,只是小满,尚未大满。

小满

时令入夏,阳光照射时间越来越长,气温持续走高,夏秋作物的籽实迎来了最适宜灌浆的黄金时段。风调雨顺的年份,每到这个时节,冬小麦等粮食作物的籽实都会像奶水充裕的婴儿,粒粒浑圆、饱满,给人带来即将丰收的喜悦。

宋代欧阳修的五言绝句《小满》:"夜莺啼绿柳,皓月醒长空。最爱垄头麦,迎风笑落红。"诗的主题明显是在称颂田间地头穗实饱满的小麦,诗人甚至用暮春初夏时节的落花反衬身形挺拔、穗子壮实的冬小麦,而夜莺、垂柳、明月、碧空,这些景物也一并成了风华正茂的冬小麦的陪衬。

小麦这种作物,虽然人工种植的历史源自一万年前的西亚,但是传入我国之后立即受到广泛重视,甲骨卜辞中就有"告麦""麦田"以及"月一正日食麦"等记载;《诗经·鄘风》则有"芃芃(péng)其麦""爱采麦矣"等诗句。《诗经·周颂》还有"贻我来牟"这样的句子,其中"来"的甲骨文字形基本是※这种样子,描摹的就是麦子一类作物的形状，指的正是小麦；而"牟"指的则是大麦，即后来出现的那种字形"麰（móu）"。

按照麦子的生长规律，它与"小满"节气的缘分显然不浅。旧本题元代吴澄编撰的《月令七十二候集解》，里面对"小满"的解读是："四月中，小满者，物至于此小得盈满。"这个解释的大致含义是农历四月中，夏熟作物的籽实开始灌浆饱满，但还未成熟，只是小满，尚未大满。

"满"这个字左边是"氵"，表示字的意思与液体有关；右边原本写作"㒼"，读 mán，表示字的读音与它接近。《说文解字》对"满"的解释是："盈溢也。"

不管怎么说，充盈、盈实总是物质丰富的一种形态，所以自然也就成了人们追逐的目标。但是，"满招损，谦受益"这是大家都明白的道理，凡事，盛极必衰，因此，西汉扬雄才在《解嘲》中说："炎炎者灭，隆隆者绝，观雷观火，为盈为实。"烈火与炸雷本身都代表着某种鼎盛状态，然而熊熊烈火终有燃烧殆尽的时候，滚滚雷声也有消弭无声的时候。所以，扬雄这句话的潜台词是，事物到了盛极一时的时候，往往也是走向衰落的时候，因此需要特别谨慎。

西汉另一位文学家、经学家刘向，他所编辑的春秋战国时期法家代表人物管仲及其门徒的言论《管子·霸言》篇，里面也有："地大而不为，命曰土满；人众而不理，命曰人满；

兵威而不止，命曰武满。三满而不止，国非其国也。"

这段话更加清晰地阐明了"满"的消极一面，大致意思是：如果只是土地广大却不耕种，充其量也就是地多而已；如果只是人数众多却不整顿，充其量也只能说是人多罢了；如果只会炫耀武力而没有节制，充其量也不过是兵力多而已。如果任由不耕种的土地增多、没有任何训练的白丁增多、只会逞匹夫之勇的兵士增多，那么，国家恐怕就要面临险境了。

《管子·霸言》篇里还有一句"观备者观野"这样的话，基本意思是考察评估一个国家的战备情况，观察它的农业情况就行了。可见，农桑对于一个国家整体实力的重要作用。

而小满这个节气，恰巧就与农业具有极其密切的关系，因为这个时候既是麦子灌浆，同时也是收获蚕茧并开始缫丝的时候。

宋代诗人邵定翁曾创作过一首《缫车》："缫作缫作急急作，东家煮茧玉满镬，西家卷丝雪满籰（yuè）。汝家蚕迟犹未箔，小满已过枣花落。夏叶食多银瓮薄，待得女①缫渠已着。懒妇儿，听禽言，一步落人后，百步输人先。秋风寒，衣衫单。"

这首作品主要有两个话题：一个是小满节气时家家户户忙着煮茧缫丝；另一个是规劝行动迟缓、贻误时机的懒人，劝他们莫失良机，不要起步的时候就晚半拍，结果导致步步赶不上，

---

① 女：通"汝"。

距离越拉越大，到了秋风起时由于缫出的丝太少，致使无法备好御寒的衣物。

清代诗人陈景钟的《缫丝曲》则是一幅散发着浓郁生活气息的画卷，其中有："三春雨足桑叶肥，家家饲蚕昼掩扉。三眠三起近小满，桑葚垂垂叶已稀。盼得红蚕齐上箔，更喜同功茧不薄。大妇收拾缫丝车，小妇安排汤满镬。银丝抽绎比清霜，虚室堆床生白光。哑哑轧轧声不绝，绿阴低处新丝香。"

小满的时候，男子下田侍弄麦子，女子家中剥茧缫丝，万千农家就是这么一派男耕女织的农忙景象。与此同时，由于民间传说小满是蚕神诞辰，于是江浙一带也有放蚕时祭蚕神的习俗。

实际上，根据东汉卫宏《汉宫旧仪》、唐代房玄龄等合著的《晋书》等文献记载，古代帝王后宫就有祭蚕神的仪式。汉朝时的礼制是皇后于蚕室养蚕，并以猪、羊二牲祭祀蚕神。

宋代大诗人陆游也曾经创作过若干首与祭祀蚕神有关的律诗或绝句，例如《春晚村居杂赋绝句》："朝书牛券拈枯笔，暮祭蚕神酌冻醪。闲放无忧穷有意，旁人错羡此翁高。"

这是六首组诗之一，写的是诗人闲居乡村，清早起来散开已经干枯的毛笔草拟卖牛契约，黄昏则用冬天酿制的春酒祭祀蚕神。这样的生活看似悠闲，其实却是诗人以这样的方式暂且放下心中的纷纷扰扰，因此他说世人往往只看表象，于是才误以为他这种桃源式的生活实在高妙，令人称羡。

诗人的另一首《新春》，写的也是农村的春天景象："蒙蒙烟雨暗江干，新岁还胜故岁寒。酒压浊清鸣社瓮，菜分红绿簇春盘。良辰节物元如昨，病客情怀自鲜欢。却羡村邻机上女，隔篱相唤祭蚕官。"

根据诗的标题，以及诗中蒙蒙烟雨、时令春菜，特别是"社瓮"一说，再联系到诗人创作的另一首有关春分时节祭土地神的《春社》，大致可以推断，这是一首描写春分前后乡村景象的诗。而且诗人另外两首《早春出游》和《春晚即事》里面，也有"更有新春堪喜事，一村箫鼓祭蚕官"和"煜煜红灯迎妇担，冬冬画鼓祭蚕神"这样的诗句。因此，看起来民间祭蚕神的时间可能要早于初夏的小满。

其实这种情况完全符合常理，因为虽然缫丝一般是在小满前后，可是养蚕却是在春天。那么，相当于农事下种环节的养蚕，自然在下种之初，养蚕人就会寄予蚕种能够顺利成蛹，而且蚕茧也能产出更多更好的丝这样的愿望。所以，春天的时候祭祀蚕神也是一桩顺理成章的事情。

我国养蚕的历史非常悠久，甲骨卜辞中已经有"蚕神"的记载，西周时则有天子诸侯必须养蚕的制度，例如《礼记·祭义》："古者天子诸侯必有公桑蚕室，近川而为之，筑宫仞有三尺，棘墙而外闭之。"这不仅规定了养蚕制度，而且还规定了要在河流岸边修建专门的养蚕建筑,墙的高度还要达到西周时的一丈一,约合现代3米左右。

关于养蚕的时间,按照当时称作"夏历",也就是后来称为"农历"的历法,一般是二月浴种,三月初一开始养蚕,然后大约到小满前后蚕茧形成,这时就可以缫丝了。

到了魏晋南北朝时期,我国的养蚕技术大幅度提高,当时已经能够控制浴种、出茧的时间,因而人们便培育出了不同时间出茧的品种。据贾思勰《齐民要术·种桑柘》引谢灵运《永嘉记》:"永嘉有八辈蚕:蚖(háng)珍蚕(三月绩)、柘蚕(四月初绩)、蚖(yuán)蚕(四月末绩)、爱珍(五月绩)、爱蚕(六月末绩)、寒珍(七月末绩)、四出蚕(九月初绩)、寒蚕(十月绩)。"看起来,到晋怀帝司马炽时代,从三月一直到十月,养蚕人家每年大致都能有八次缫丝的时机。

晋代永嘉年间是以"八辈蚕"打破了只能在"小满"时剥茧缫丝的传统,而南朝宋元嘉年间却奠定了宋末称为"小满"的官员政绩考核制度。例如元代马端临《文献通考》:"宋文帝元嘉时,守宰以六期为断。及宋末,以治民之官六年过久,乃以三年为断,谓之'小满'。"

这种谓之"小满"的制度,沿袭的是《尚书·虞书·舜典》所言,"三载考绩,三考,黜陟(zhì)幽明"。这是古代帝王考核官员工作业绩并据此擢升、贬谪以至罢免官吏的一种制度,以三年为一期。其中"陟"表示上升、提升;"幽"原本表示昏暗,在这里的意思是"不好、不称职";相反,"明"则表示"好、称职"等等。

由此可见,古代文献中的"小满"有的时候并不一定指的是节气,而是考核官员的一种制度。在这里,"满"的意思是"达到了一定期限",例如"届满、期满"等等。而且,也正是由于"小满"这种制度,所以后来还出现了"考满"这样的说法,例如北宋大臣、文字学家夏竦《赠县宰》:"俸轻官且冷,君喜在亲民。村路不闻犬,县城长似春。架高书少蠹,厅静隙无尘。考满留碑去,清风励后人。"还有南宋诗人、词人方岳《官满将归与同幕别平山堂》:"貂敝那禁塞上寒,所成何事许悲酸。雪深茅屋归巢冷,月老芦洲雁影单。官薄偶书三考满,客怀已受一分宽。秋帆但趁好风便,酒在不愁行路难。"

两首诗写的都是清官,前者"俸轻",薪水不高;后者"貂敝",衣衫单薄。然而前者以芝麻小官治理县域,能够做到让民众夜不闭户,不闻犬吠,自己则只是藏书颇丰;后者则是届满时接受考核过关,平安卸任,因此心中宽慰,展望前程也是乘风扬帆、不怕艰难。可见,封建时代的考核制度在某种程度上对官员还是具有一定约束作用的。

芒种

"芒种"这个节气意味着小麦一类籽实上面有针芒的农作物即将开镰收割,同时水稻一类籽实上面同样有针芒的作物则马上要开始插秧。

芒种

麦浪滚滚,夏秋作物丰收在望,历经严寒等考验的冬小麦终于到了将要收获的季节。在庄稼人眼里,黄澄澄的麦穗是那么俊俏、那么美好,灿烂的阳光照耀大地,根根直立的麦芒愈发挺拔、愈发耀眼。

"芒种"这个节气,正意味着小麦一类籽实上面有针芒的农作物即将开镰收割,同时水稻一类籽实上面同样有针芒的作物则马上要开始插秧。因此,从古至今也一直有意见认为"芒种"相当于"忙种",意思是忙于种田。实际上,"芒种"的"种"读第三声,它本身还是"种子"的意思,因此,或许把"忙种"解读成忙于和种子有关的事务更妥帖一些。因为,一来收割麦子也具有优选麦种这样的作用;二来,种植水稻其实也相当于把育种之后的秧苗移植到大田。

元代史学家、文学家陶宗仪编辑的大型文献丛书《说郛(fú)》,其中曾引宋代马永卿《嬾真子录》:"所谓芒种五月节者,谓麦至是而始可收,稻过是而不可种矣。"这句话非常清楚地点明了芒种是麦收和插稻秧交会的节气。

宋代诗人陆游的《时雨》,写的也是小麦收割与水稻种植交替、交会的这个节令:"时雨及芒种,四野皆插秧。家家麦饭美,处处菱歌长。老我成惰农,永日付竹床。衰发短不栉,爱此一雨凉。庭木集奇声,架藤发幽香。莺衣湿不去,劝我持一觞。即今幸无事,际海皆农桑;野老固不穷,击壤歌虞唐。"

在这个农忙时节,麦饭飘香,稻田插秧,悠扬清亮的江南采菱小调也在四处回响。可是诗人年老体弱,头发已经稀疏到几乎用不着梳子了,因此,于这一切他只能成为一个久卧病榻的旁观者。所幸农事顺遂,于是他也要在这平和年景效法传说中路遇尧帝也不以为意、只是一味在路上击打土块自娱自乐的老者。

"芒种"的确像是时光隧道上的接力区,一收、一种,前者意味着终点与完成,后者则预示着起步与开端。

明代樊阜曾作《田间杂咏》组诗六首,其中一首是:"枣花落靡靡,一犬护柴关。节序届芒种,何人得幽闲。蛙鸣池水满,细草生阶间。刈麦欲终亩,风吹雨过山。大儿早未饭,叹息农事艰。豪贵本天命,悠悠不可攀。"这首诗写的是到了芒种节气,麦子和枣花也到了生长周期的终点,这也是农忙不得闲的时候,一户农家的大儿子一大早水米未进就开始做活,所以也免不了感慨庄稼活的辛苦。其实穷苦人心里大概也是想着富贵的吧,可是又自叹没有那个福分,那种镜花水月的富贵只能是一种遥不可及的梦而已。

宋代诗人范成大《梅雨五绝》中的一首:"乙酉甲申雷雨惊,乘除却贺芒种晴。插秧先插蚤①籼稻,少忍数旬蒸米成。"还有北宋官员、文人楼璹(shú)《耕图二十一首·拔秧》:"新秧初出水,渺渺翠毯齐。清晨且拔擢,父子争提携。既沐青满握,再栉根无泥。及时趁芒种,散著畦东西。"这两首诗写的都是芒种时节农人下稻田插秧。前一首写的是梅雨季节时有雷雨,到了芒种喜逢天晴,于是人们抓紧时间赶插称作"籼稻"的早稻,期待数旬之后迎来稻米收成。后一首写的是秧田稻苗长势喜人,一对农民父子清早下田拔出秧苗,冲洗干净之后移植到自家的大田。

芒种节气,田地里显然一派农忙景象,壮劳力都在忙着种植。"芒"这个字上面的"艹"表示字的意思与植物有关;下面的"亡"表示字的读音与它接近。《说文解字》对"芒"的解释是:"草耑"。"耑"这个字的甲骨文字形大致是,描摹的是草木刚刚长出枝叶的样子,就像《说文解字》所说"物初生之题也",意思是事物的开端。后来这个字也发展出"顶端"的意思,因此,"芒"指的就是草木的顶端,也就是枝条的末梢、草尖儿等。

---

① 蚤:通"早"。

南北朝时期顾野王编纂的字书《玉篇》对"芒"的解释更加具体："稻麦芒也。"顾氏认为"芒"的意思就是稻、麦等作物籽实上面极细的针刺。

其实表示稻麦等农作物籽实上面针刺的，还有一个同样比较常用的字——秒。《说文解字》对"秒"的解释就是："禾芒也。"只是由于麦芒等极细的特性，所以"秒"后来也表示微小的长度单位，大约是一寸的万分之一。再往后它还可以表示微小的弧度、角度、经纬度和容量等单位，最终定格于现在最常用的计量时间的单位，而它最初表示"禾芒"的意思则停留在了古代。

和"秒"具有同样偏旁的"种"显然也同农作物有关。这个字现在是多音字，既读第三声，也读第四声。读第三声的时候，它表示"种子、种类、品种"等；读第四声的时候，则表示"种植"。当然，这个字还读 chóng，表示一个姓氏，北宋"种家军"的统领、祖孙名将种世衡和种师道都是种姓子孙的佼佼者。

当然，与芒种节气有关的，无疑是"种子"和"种植"了。这两种意思虽然现在用的是同一个"种"字，然而，《说文解字》里面收录的却是"種"和"穜"两个字。其中"種"的解释是"先种①后孰（通'熟'）也。而"穜"的解释是"埶（yì）也"。

---

① 原文用的是"穜"。

"先种后熟"的意思是下种、种植的时间早，成熟的时间却晚。这显然指的是一类具有如此特征的谷物。与之相对的是现在已经极少使用的"穋（lù）"，这个字《说文解字》的解释是"疾孰也"，也就是成熟时间短的谷物，相当于下种、种植的时间晚，成熟的时间却要早。

根据《说文解字》的解释，可以看出"種"具有"种类、品种"等含义，这正是现在读第三声的"种"。

"埶"这个字甲骨文写作 等，是一个人手捧一株草的形状，明显意味着"种植"。这个字后来演变成现在常用的"艺"。从意思看，显然这正是现在读第四声的"种"。也就是说表示"种植"意思的"种"最初写作"穜"。

而"艺"这个字最初的确表示种植，例如朱熹《孟子集注》："后稷教民稼穑。树艺五谷，五谷熟而民人育。"还有清代王士禛《居易录》："殿外种艺五谷之属，盖欲子孙知稼穑之艰难，意深远矣。"这些文献中，"树艺""种艺"都是种植的意思，其中"树""种""艺"三个字的意思基本相同。

"種"和"穜"最初意思有别，这是客观历史，然而由于"重"和"童"这两个字的字形和读音都很接近，所以"種"和"穜"后来就出现了借用的情况，再往后，汉字简化整理的时候，又把它们合并整理成了读音不同但字形相同的一个"种"字。

由此可见，"芒种"的"种"，原本就包含了"种子"和"种植"两种含义,所以这个节气和获取成熟谷物的种子、和种植谷物都有关系,这完全是由"种"这个字的历史源流所决定的。

明代诗人戚韶曾作《初夏即事》,诗的全文是:"绿阴清馆午风凉,花落晴沟水亦香。市担虾鱼从晓卖,邻家樱笋及时尝。筐盛杂茧缲丝急,场扑飞蛾打麦忙。寒食过来芒种近,谷芽今似韭芽长。"

这首诗除了起首两句是初夏的绿树、房舍、清风、落花、碧空、沟洫等等景物,其余六句完全与芒种前后的作物、食物有关。诗文入眼,我们仿佛也听到了集市上贩卖鱼虾、樱桃和春笋的叫卖声,看到了雪白的蚕茧盛满箩筐,农家女手中的缲车一刻不停地转动,打麦场上庄稼人脱粒、驱蛾正忙,田里的稻谷秧苗也已经长得像韭菜一般高矮。

农事繁忙的时候,除了每日辛苦与忙碌,南方许多梅子产区在芒种时节,也有煮梅品尝的传统。成熟的梅子之所以煮后再尝,是因为新鲜的梅子味道酸涩,煮后食用或饮用味道更佳。

提到煮梅,《三国演义》中曹操与刘备"青梅煮酒"纵论天下豪杰的故事尽人皆知。

陆游的《初夏闲居》同样向我们展示了青梅煮酒的妙趣:"煮酒青梅次第尝,啼莺乳燕占年光。蚕收户户缲丝白,麦熟村村捣麨香。民有袴襦(rú)知岁乐,亭无桴鼓喜时康。未尝一事横胸次,但曲吾肱梦自长。"

陆游写过数首以《初夏闲居》为题的诗,涉及芒种前后景物的则以这一首为最多。诗中首先写黄莺鸣啭、雏燕嗍啾时节,成熟的梅子已经可以伴酒共食。农家的辛劳换来雪白的蚕丝、飘香的新麦。百姓们因为有了朴素的衣裤而知足常乐,也因为听不到预报有事情发生的鼓声而乐享太平时光。置身如此安逸的乡村生活,诗人的身心也受到感染,于是他放空扰人的心事,枕着自己的臂弯安然入梦。

　　不过,"居安思危",是流传数千年的古训。岁月静好之时,千万不能忘了未雨绸缪。更何况大自然的风霜雨雪往往并不以人的意志为转移。例如宋代诗人王之望《龙华山寺寓居十首》之一:"水乡经月雨,潮海暮春天。芒种嗟无日,来牟[①]失有年。人多蓬菜色,村或断炊烟。谁谓山中乐,忧来百虑煎。"这首诗写的就是芒种时节出现了有违时序的天气情况,麦收时不幸连日阴雨,太阳无影无踪,致使民众普遍断粮,人人面黄肌瘦。这种情形令人忧思百结,又怎么称得上村居的安乐呢?

　　看起来,如何让广大民众在荒年的时候有备无患,做好充分的应对准备,这应当是永恒的话题。

[①] "来牟"参见"小满"正文第三自然段解释。

到了夏至这个节气前后,许多植物确实进入了生长壮大的高峰时段。

夏 至

芒种之后，随着麦子熟、梅子黄，许多果树也先后进入了果实成熟期，比如"一骑红尘妃子笑"的荔枝、"满园春色关不住"的杏，还有"墨晕微深染紫裳"的杨梅等等。按照古人对表示季节的"夏"字寓意的解读，到了夏至这个节气前后，许多植物确实进入了生长壮大的高峰时段。

元末明初政治家、军事家、文学家刘伯温曾作《夏日访王友文留饮赠诗》："长夏园林白昼闲，高轩留客雨漫山。倾壶竹叶沉沉绿，落树杨梅颗颗殷（yān）。槛外新荷摇水佩，檐前弱柳舞风鬟。醉来带月浮舟去，忘却尘埃世路艰。"这位胸有韬略、运筹帷幄的风云人物，在辅助朱元璋建立明朝基业的同时，倒也不乏闲情逸致，夏日里也会探亲访友，和文人雅士一道品峨嵋青茶，观赏如紫色朱玉般的杨梅，看池塘里的荷花、屋檐下的垂柳，数盏助兴佳酿入口，面色微醺，忘却尘世艰险。

清代浙江萧山举人、颇受实业思潮影响的黄元寿对杨梅也是情有独钟,因为杨梅恰恰是萧山南部山丘以及号称西湖"姊妹湖"的湘湖的特产,对于这种家乡美味,黄氏也曾作诗称颂:"千林红绽火含珠,熟到杨梅夏至初。风味品评何处好?南山数过是湘湖。"

宋代诗人杨万里的《七字谢绍兴帅丘宗卿惠杨梅》,则用"玉肌半醉红生粟,墨晕微深染紫裳。火齐堆盘珠径寸,醴泉绕齿柘为浆"这样的诗句,赞叹了杨梅有着玉一般晶莹的质感和紫色霓裳一样的色泽,还有浑圆硕大像宝石"火齐珠"大小的个头。

夏至的时候,的确是杨梅成熟的季节,所以也意味着是杨梅这种植物成长到极致的时候。

"夏"这个字在前面的"立夏"节气已经有过详细解读。"至"这个字后来确实有近似"极致"的"极、最"等含义,因此,清代天文学家陈希龄《恪遵宪度》对"夏至"的解读是:"日北至,日长之至,日影短至,故曰夏至。"这句话其实在明代出身中医世家的名医徐春甫的《古今医统大全》里面就出现过,后来有《恪遵宪度》的抄本又在后面增加了"至者,极也"字样。

从上面的解读看,夏至的"至"实际上有两种含义:一个是"到",如"日北至"的意思就是太阳到了北半球,根据古今天文学研究,夏至的时候,太阳直射北回归线,自然也相当于太阳驾临北边;另一个是"极、最",例如"日长之至,日影短至"的大致意思是白昼的时长达到一年之中的极点,而太阳照射万物所投射的影子却是一年之中最短的。

而"至"这个字,最初恰恰正是"到"的意思,它在甲骨文里写成♈等。这个字形最下面的横笔"一"表示地面等,其余部分是一支箭的形状,其实也就是"矢"这个字的甲骨文字形。箭触到地面,则意味着"到达、抵达"等。

把"夏至"解读成夏天达到极点状态,这自然是一种说得通的解释。然而,如果把这个节气解释成夏季所具有的主要特征都来到了,也未尝不是一种合理的解释。因为就从夏天的植物生长、天气炎热等方面看,显然夏季高温的极点并不在夏至,而且许多植物到了夏至的时候实际上也还在生长,例如荷花、苹果以及秋季收获的农作物等等。因此,结合"日北至,日长之至,日影短至,故曰夏至"这句话,把"夏至"解读成真正的夏天拉开了帷幕,一些夏季的天象变化、植物生长等也达到了极点,这或许是更加妥当全面的一种诠释。

清代辑录散佚文献的大师、在训诂学和目录学等方面同样成就卓著的盐商子弟黄奭(shì),曾经在其编纂的《汉学堂经解》中引过南北朝时期经学家崔灵恩编著的《三礼义宗》,里面有:"夏至为中者,至有三义:一以明阳气之至极,二以明阴气之始至,三以明日行之北至。故谓之至。"这段话主要阐释了夏至这个节气中"至"的含义:一是明确阳气达到极点;

二是明确阴气开始到来；三是明确太阳往北运行到极点。

按照现代观念解读这段话，其实相当于：太阳直射北回归线，白昼时间达到最大值，夜晚时间就要开始变长了。

对于夏至这个节气的此类特征，我们祖先显然也早已观察入微，所以许多古代诗文都提到了它，唐代诗人权德舆的《夏至日作》就写道："璇（xuán）枢无停运，四序相错行。寄言赫曦景，今日一阴生。"

"璇枢"指的是北斗七星，通常更多用"璇枢"这种说法。细分起来，"天枢"指的是北斗七星勺身部分最前端的第一颗星，"天璇"指的是勺身底部靠近天枢的那一颗星。"赫曦"指的是太阳、阳光，也表示炎热炽盛的情形。因此，权氏的诗大致说的是天上的北斗周而复始地运行，地上的四季也在寒来暑往地循环，夏至炎热的时候我想说，从今天开始，"阴气"又要开始生长了。所谓的"阴气"其实是古代阴阳观念的反映，即"天为阳，地为阴，白昼为阳，夜晚为阴"等等。因此，"阴生"的实际含义是极其丰富的。

由于"地为阴"的说法，所以夏至的时候，古代有祭地神的传统，例如《史记·封禅书》："夏至日，祭地，皆用乐舞。"再如《唐书·乐志》："贞观中，夏至祭皇地祇（qí）于方丘。""祇"和"地祇"指的都是地神。

祭祀和阴阳观念其实反映了古代先民现实生活以及对客

观世界的认识等诸多方面，需要研究的问题仍然很多，并不适合完全庸俗化为封建迷信。擅长阴阳之学的先人，也并不能完全等同于"风水先生"，明代弘治十二年（1499年）科举考试第三甲第三名、并被尊为"风水宗师"的福建长乐人谢廷柱还写过一首《睡起》："谢家庄上景，篱落接湖塘。枕畔闻林鸟，窗间见野航。日高山紫翠，雨过海苍凉。夏至三农慰，田畴穗渐黄。"

谢氏的诗比较直白，大体写的是夏至前后，白天小睡之后所看到的湖光山色，还有即将成熟的麦子等。其中"野航"指的是小船，"三农"按照宋末元初陈元靓《事林广记》，指的是"山农、泽农、平地农"，大致相当于猎户、渔民和农民。

唐代诗人韦应物的《夏至避暑北池》，开头既写从夏至那天起昼夜此消彼长的现象，同时也表达了对炎热夏日忙于农事的农民的关注。诗的全文如下：

昼晷（guǐ）已云极，宵漏自此长。未及施政教，所忧变炎凉。公门日多暇，是月农稍忙。高居念田里，苦热安可当。亭午息群物，独游爱方塘。门闭阴寂寂，城高树苍苍。绿筠尚含粉，圆荷始散芳。于焉洒烦抱，可以对华觞。

诗人的这首诗显然是写于年少轻狂的荒唐岁月之后，当他潜心诗书并当着一个品级不高的小官时，公务不多，所以有闲暇在夏日万物小憩的正午漫步荷塘，观树、观竹、观荷花。

难能可贵的是，他虽然身居官衙，不会遭受风霜雨雪的考验，但是还算念着炎热天气里忙于农事的庄稼人，关注他们在苦热、炎凉中的辛劳。当然，究其实质，他还是封建等级制度的受益者，所以闲逛之后，他觉得还是敞开烦闷的心怀，对酒当歌为上策。

与此相对的是宋代诗人杨万里，他的家世背景与韦氏家族之间的差距绝对不止十万八千里，尽管他好歹也是个做官的人，但是他的《和昌英叔夏至喜雨》，却表现出了当夏天遇到旱情的时候，他自己就不仅仅局限于关注、忧虑，而是也试图有所作为。另外，对于所谓的荣华富贵，他也明确表达了淡然处之的态度。该诗全文是："清酣暑雨不缘求，犹似梅黄麦欲秋。去岁如今禾半死，吾曹遍祷汗交流。此生未用愠三已，一饱便应哦四休。花外绿畦深没鹤，来看莫惜下邛侯。"

杨万里的诗，前四句比较好理解，大体是说天上的雨水不是求来的，就像梅子、麦子成熟一样，这些都取决于自然界的规律。当然，前一年大旱导致庄稼枯死的时候，他和同僚还是祈祷上苍了。

后四句诗由于引用了几个典故，所以理解起来颇费周章。

"三已"源自《论语·公冶长》，其中谈到楚国宰相"子文"三次被任命，他都没有得意忘形；当他三次被罢免，同样也没有愤愤不平。"三已"指的就是三次或多次被撤职。

"四休"典出宋代太医孙昉，黄庭坚作诗说他"粗茶淡饭饱即休，补破遮寒暖即休，三平二满过即休，不贪不妒老即休。"其中"三平二满"的意思是衣、食、住平平常常，而且满足于已有的声名和地位。

"下邳侯"是最不好理解的一种说法。首先，晋代以炼丹著称的道家代表人物葛洪的先祖葛庐曾在汉代被封"下邳侯"。其次，大文豪苏东坡创作的寓言故事《黄甘陆吉传》，里面的人物陆吉的儿子后来也被封"下邳侯"。而后世有人伪称韩愈所作的《下邳侯革华传》，里面的"革华"其实喻指皮靴，因此，这里的"下邳侯"指的也是皮靴。

串联一下杨万里的这四句诗，前两句想要表达的是官场沉浮不必牵挂于心，平平淡淡的朴素生活却足以安享。后两句说的是地里的庄稼已经高过仙鹤，如果想要来欣赏雨后的田园风光，就不要太在意可能会弄脏脚上的鞋子。显然，诗里的"下邳侯"应当是诗人意指皮靴的打趣之语。

夏至观田园，无疑会有丰收的期盼，人人都希望丰衣足食。而每到夏至这个节令，不同地域确实也形成了一些饮食方面的习俗，例如北京、山东等地的"冬至饺子夏至面"，无锡的馄饨，绍兴的蒲丝饼等等。

南宋诗人范成大有一首《夏至》，其中就提到了节令食品与地域有关："李核垂腰祝饐（yì），粽丝系臂扶赢。节物竞随乡俗，老翁闲伴儿嬉。"这首诗后面两句意为节物多是乡土风情的伴生物，同时还描画了一幅老人与孩童共享天伦之乐的温馨画面。前面两句写的则是民间敬老扶弱的风俗：在老者腰间悬挂李子核儿，是希望老人家进餐顺畅，不要出现食物噎住喉咙的情况；给老幼手臂系上粽丝，来自"端午索"习俗，是希望为他们祛除病魔。诗句中的"饐"原本表示食物等腐烂变质，在这里是由于同"噎"字形、读音相近而临时代替了后者。"祝哽祝噎"来自古代帝王的一种敬老传统，是在款待年长者进餐时，安置专人祷告，希望老人家不要呛着、噎着。

另外，根据一些文献记载，江南一带还有夏至日吃麦粽的风俗，据说是先做麦粽祭神，然后再享用供品。白居易曾作《和梦得夏至忆苏州呈卢宾客》："忆在苏州日，常谙夏至筵。粽香筒竹嫩，炙脆子鹅鲜。水国多台榭，吴风尚管弦。每家皆有酒，无处不过船。交印君相次，褰（qiān）帷我在前。此乡俱老矣，东望共依然。洛下麦秋月，江南梅雨天。齐云楼上事，已上十三年。"

从诗的标题看，里面提到表字"梦得"的刘禹锡，还有与白居易有交往的诗人卢贞。特别在白居易疾病缠身而且基本处于闲居状态的晚年，这两位与他的交往似乎更多一些。因此，诗的基调显然有一种怀旧的淡淡愁绪。

这首诗一方面回忆了白居易任职苏州时感受到的夏至风

情；另一方面也提到他的几度卸任交印，还提到自己在任时身体力行体察民情。"褰帷"指的即是官员体察民情，例如王维《奉和圣制暮春送朝集使归郡应制》中的"褰帷向九州"。"洛下"一说，表明正是白居易晚年居住洛阳的时候，因此他忆起在苏州"齐云楼"宴客的情形，不免流露出"俱往矣"的怀念与感慨。

  十三年，回首之时，也不过人生一瞬。大自然的四时交替却依然按着固有的节奏，从一个节气走向下一个节气。

小暑

「暑」给人的感觉就是潮湿而闷热。而这种情况,恰恰正是小暑节气的一个突出特征。

小 暑

夏至是许多自然现象的转折点，比如昼夜的长短等。另外，这个节气也吹响了炎热天气的号角，因为从夏至开始，我国绝大部分地区的平均气温以高温为基点，再呈持续上升势头。到了小暑节气，虽然时有夏日阵雨穿插，但是闷热天气依然是绝对的主角。

唐代诗人、武则天曾侄孙武元衡的《夏日对雨寄朱放拾遗》就写到了小暑时的阵雨："才非谷永传，无意谒王侯。小暑金将伏，微凉麦正秋。远山欹（qī）枕见，暮雨闭门愁。更忆东林寺，诗家第一流。"

这首诗除了写小暑时的景色，同时也借诗文表达了诗人的处世态度。

诗里的景色有带来一丝微凉的阵雨，有处于收获季节的麦子，有斜倚在枕上就可以看到的远处山峰，还有把人困在屋里平生愁绪的雨天黄昏。

诗里提到了博学经书、擅写文章的汉代文人谷永，此人在汉成帝时成为汉成帝封为列侯的五个舅舅王谭、王立、王根、王逢时、王商府里的座上宾，与王氏家族过从甚密。但是诗人说自己没有谷永的才华，也无意像他那样盘桓在王公贵族左右。

诗人内心向往的是江西九江庐山的东林寺，因为那里的"莲池"是东晋时有"中国山水诗鼻祖"之称的谢灵运所凿，而且谢氏所种"青莲华"还是莲花中非常珍贵的品种。此外，"采菊东篱下"的陶渊明也曾经偕道士陆修静拜访东林寺住持慧远大师，并与大师相谈甚欢，以致大师送客时不知不觉打破了送客不逾寺门前虎溪的惯例，结果引起镇守后山的老虎用啸声提醒，从而留下一段"虎溪三笑"的佳话。到了唐代，诗仙李白同样与东林寺缘分不浅，他先后写过《庐山东林寺夜怀》《别东林寺僧》等诗。

关于小暑时节的雨，宋代诗人、词人刘克庄还曾经创作过一般比较少见的六言诗《久雨六言四首》，其中一首是："平陆莽为巨浸，晴空变作漏天。明朝是小暑节，重霪必大有年。"诗人用朴实的诗句描写了像筛子一样漏雨的天空和积满雨水的田野，他还预言，按照常理，小暑时连日降雨，也预示着秋天一定会有好收成。

在小暑节气时，刘克庄还曾经写过《小暑日寄山甫二首》，其中一首由于引用若干典故，理解起来就不那么容易了。这首诗是:"七年侍膝极融怡,半月分襟费梦思。比鹿门翁吾齿耄,作鱼梁吏汝官卑。击鲜何忍为儿溷,反鲊①无烦寄土宜。若见省郎问村叟,不能书札尚能诗。"

这首诗只是于小暑日所作,内容和这个节气实际上并没有关系,通篇主题是父母与子女之间的亲情等。其中引用的几个典故涉及三国时期携妻子入山采药而不愿出仕的隐士、后世人称"鹿门翁"等的庞公;还有晋代时曾做管理地方淡水渔业事务的小官陶侃和他的母亲;以及汉代时追随汉高祖刘邦、常被委以出使诸侯国事务的陆贾及其子女等。

诗里提到庞公,意思是说自己的年龄已经像庞公一样大了,言外之意是说自己也到了避世闲居的时候。这种念头和刘克庄几起几落的政治生涯或许不无关系。"鱼梁吏"和"反鲊"是称赞陶侃母亲的深明大义,因为做官的儿子曾经托人带了一罐腌渍的鱼给她,他认为是儿子利用职务之便获得不当利益,所以除了退回腌鱼,还修书一封责怪儿子并教育儿子做人正直、为官清廉的道理。而对于陆贾,诗人则是欣赏、佩服他处理与儿女之间关系的智慧。因为陆贾晚年的时候,曾将出使南越时所获千金平均分与五个已经成家的儿子,并与他们约定每年轮流到每个人家里住两三次,每次十天,而且住的时候要

---

① 有的版本作"鲏"。

吃新鲜的肉食，也就是"击鲜"，其余时间自己则周游访友，不打扰子女，最后终老谁家，则将所余家财悉数留给谁家。

最后两句是诗人的想象，他假设有朝一日有晚辈来他闲居的乡村探访，嘘寒问暖之际，他会笑答虽然年老难以提笔写字，但是还不妨碍吟诗填词。

至于标题中的"山甫"所指何人，这似乎是一桩悬案，因为"山甫"最初指的是周宣王时的贤臣仲山甫，后来则可以用来指所有的贤臣，是一种对人的美称和尊重。但是，根据史料和刘克庄这首诗的内容，这里的"山甫"应当是他三儿子的名字。例如南宋词人周密《绝妙好词》等文献记载："刘克庄……生前曾自编文集，林希逸作序，继有后、续、新三集。后由其季子山甫汇编为《大全集》二百卷。事见宋林希逸《后村先生刘公行状》、洪天锡《后村先生墓志铭》。"

这样一来，诗的立意和内容立刻明晰起来，应当是刘克庄写给儿子的教子诗，主要是说自己已经暮年，所以再无意官场，然而自己尚有积蓄，而且还能吟诗作词，因此不会给子女添太多麻烦。同时教育儿子官职虽然卑微，也要防微杜渐，孝顺父母尽心尽力就好，但是不要为此攫取不当利益等等。

刘克庄晚年对黄庭坚所创"江西诗派"的追随，使得他的诗颇有些剑走偏锋，一些诗引用典故太多，难免给人故弄玄虚之感，而且也常常造成理解上的困难。

清代诗人,曾作《续香斋诗集》的乔远炳,他描写小暑的《夏日》,比起刘克庄的诗,显然就要清新、通畅多了。诗的全文是:"薰风愠解引新凉,小暑神清夏日长。断续蝉声传远树,呢喃燕语倚雕梁。眠摊薤(xiè)簟(diàn)千纹滑,座接花茵一院香。雪藕冰桃情自适,无烦珍重碧筒尝。"

这首诗多半是写于避暑的地方,因为小暑节气原本是闷热天气的代名词,可是乔氏的诗一开头就是夏日清风吹来一丝凉爽,不仅让人不耐暑热的烦闷稍稍纾解,甚至还有些悠长夏日难得的神清气爽。从远处树林传来阵阵知了的叫声,屋梁上燕巢也有燕子在呢喃细语。铺开光滑的凉席小睡,窗前花圃弥漫着沁人心脾的芳香。能够享用冰镇的藕和桃子,这令人心情大好,再用荷叶杯喝上几口凉凉的酒水,简直就是神仙一般的日子。

能够在小暑的时候躲避暑热,肯定是一件让人舒服的事,因为"暑"这个字本身就隐含着令人难耐的闷热。

"暑"由"日"和"者"构成,"日"表示字的意思与太阳有关,在这里更表示跟太阳所蕴含的巨大热量有关;"者"表示字的读音与它接近。《说文解字》对"暑"的解释是:"热也。"段玉裁在《说文解字注》里则进一步解释说:"暑与热浑言则一。故许以热训暑。析言则二……暑之义主谓湿。热之义主谓燥。故溽暑谓湿暑也。释名曰。暑、煮也。如水煮物也。"

根据段玉裁的解释,"暑"和"热"虽然都表示气温高,但是二者还是存在着一定的差别，前者主要指的是"湿热"，而后者则大都表示"燥热"。因此，他又引刘熙《释名》对"暑"的解释"煮也"，明确指出"暑"与水、水汽有关，就像"煮"东西一样。

按照这种解释，"暑"给人的感觉就是潮湿而闷热。而这种情况，恰恰正是小暑节气的一个突出特征。前面提到的武元衡《夏日对雨寄朱放拾遗》里面有一句"小暑金将伏"，这句话表示的一个主要意思是"伏天"就要到了。

提到"伏天"，我们大家都知道它意味着什么，气温高，湿度大，以致有人形象地称这种天气就像是蒸汽浴一样的"桑拿天"。

至于武元衡为什么说"金将伏"，这是源于阴阳五行与季节对应关系的一种说法。因为按照阴阳五行说，夏季对应的是"火"，而秋季对应的则是"金"，再根据"金、木、水、火、土"的相生相克关系，"火"是克"金"的，所以，由于小暑之后开始的"伏天"，其结束时间刚好延续到了秋天，那么，秋季的"金"遇到前面夏季的"火"，它就不得不"潜伏"起来。这也就是"金将伏"这种说法的由来。

其实对于人来说，湿热的伏天，最好是人能够潜藏起来躲避暑热才对。当然，通过"小暑金将伏"这样的说法，我们一方面可以了解古代的阴阳五行文化；另一方面，也可以知道小暑之后就要迎来伏天了。对于"伏天"更细致的含义以及相关的古代历法文化,下面谈论"大暑"节气的时候我们再来一起探讨。

小暑节气前后,农历六月初六那天,按照民间传说是龙宫晒龙袍的日子,因此民间也渐渐形成了晾晒家中衣物的"晒伏"传统。例如清代发明制造了"连珠火铳""冲天炮"的兵器制造家、文理兼通的戴梓,曾经就写过一首近乎打油诗的《曝书》:"计日今为六月六,老屋迎旸(yáng)成火域。宫闱邸第及穷檐,晒衣自古沿流俗。我无余衣可免劳,惟有残书十余簏。呼僮罗列向晴阶,纸故潮生蠹蕃育。揩踏涂抹不尽戕,万头鼠窜横屠戮。老倦时酣午梦中,梦蠹周回向余哭。公为怜书命摊曝,不思书是我邦国。食斯饮斯居亦斯,个中天地成文族。公今为书不为生,轻重相衡情惨酷。神销口阻莫能应,醒来急命收残牍。吁嗟命重书自轻,万编随蠹谋其生。"

这位戴先人的诗充满了谐谑意趣,诗的大意是六月初六那天,他住的老旧房屋在晴空烈日下几乎成了火炉。在民间,不论贫富,自古就有在这一天曝晒衣物的传统,而他却没有多余的衣物可晒,只有十几箱书,因此,他唤来童仆把书晾晒到台阶上。哪承想,书一见天日,寄居其中的各种虫子纷纷四散逃窜,于是便被童仆踩踏拍打,尸横遍地。结果诗人午睡时,众小虫居然入梦前来讨说法,言称它们生活在"书"

这个邦国里,是这个国度的子民,饮食起居尽在其中,并且还浸染了书香气息。因此,他们声讨戴氏罔顾活生生的事实,完全是为了自己爱惜书的一己私欲,就贸然差遣仆人晒书,这是因为眼里只有书,却没有顾及有生命的虫子家族,结果由于没弄明白孰重孰轻而导致惨剧发生。这样令人不愉快的梦境大概致使诗人梦魇,所以他觉得在梦里意识涣散、有口莫辩,于是惊醒之后赶忙命仆人收拾晾晒在外面,而且已经有虫蛀痕迹的书籍,并且自己也"灵魂深处闹革命",开始进行深刻的反省:虫子是有生命的生物,生命当然重于书本,所以今后应当让虫子随意啃书、蛀书,以此维持生命才是。

诗人戴梓是面对书和蛀虫感慨,而唐代诗人独孤及则是观赏友人赠送的花木时引发思念之苦,他的《答李滁州题庭前石竹花见寄》云:"殷(yān)疑曙霞染,巧类匦刀裁。不怕南风热,能迎小暑开。游蜂怜色好,思妇感年催。览赠添离恨,愁肠日几回。"诗人端详着庭堂前友人寄赠的石竹花,那朝霞般绚烂的色彩,如巧手持剪裁出的花瓣,淡然面对暑热,静静地开放。飞舞的蜜蜂非常喜爱它的色彩,思念夫君的女子则对花自怜,感慨年华易逝。诗人看到鲜花,心中不禁涌起对友人的思念,却无奈分离之苦,以及整日萦绕胸间的离愁。

暑热难当,自然就会令人烦闷。但是,也有些人却能在暑热之时自得其乐。宋金之际诗人庞铸就曾写过一首《喜夏》:

"小暑不足畏,深居如退藏。青奴初荐枕,黄你亦升堂。鸟语竹阴密,雨声荷叶香。晚凉无一事,步屟(xiè)到西厢。"

庞铸本是北方人,但是从这首诗里提到的"青奴"来看,此诗应当是他南渡之后的作品。因为"青奴"指的是一种竹制的纳凉器物,形状类似枕头,可枕、可抱,也可以垫脚。"黄你"原文用的是现在已经不再使用的"妳"字,也写作"黄奶",意思是书卷。可见,这首诗可以看作是夏日避暑的"贴士"。

大暑

大暑前后我国传统历法中也有"伏天""数伏""三伏"等等说法,其中的"伏"字蕴涵丰富。

大 暑

小暑过后,闷热的天气日甚一日,真正考验人的溽(rù)夏就要登场了。"溽"是潮湿闷热的意思,它很准确地表达出了小暑之后我国大部分地区天气的主旋律。

明代文学家、戏曲家康对山曾作《饮酒二首》,其二云:"猗(yī)猗陌上桑,托根在沃野。蕃(fán)枝接崇崖,布叶荫溽夏。虽无摩云姿,亦可驻车马。婆娑衢道侧,凝望颇潇洒。秋来樵采频,疏枝不盈把。自拟经春和,发荣且修雅。斩伐及根株,萌芽亦巳①寡。君子慎心意,纷纷为谁者。"

先说说这首诗的作者。康对山本名康海,是现属陕西省咸阳市武功县人,他对秦腔的发展做出了巨大贡献。此外,他以东郭先生和狼为题材编写的剧本《中山狼》流传甚广,这个故事本身也是妇孺皆知。

---

① 据古代一些工具书解释,"巳"有"已"的意思,所以这里如果不是由于形近的讹误,也应当理解成"已"。

他写的这首诗，大意是：

田野上茂盛的桑树，深深扎根沃土，枝繁叶茂生长在山崖下面，浓荫蔽日，在暑热的时候带来一丝清凉。它们虽然没有高大挺拔的身姿，但是冠盖之下完全能够供车马歇息。它们伫立在道路两旁，树影婆娑，看上去就蕴涵着凉爽的气息。只是到了秋天，它们常常被樵夫采伐，并且往往被砍到只剩下不满一把的枝条。如此境况，只能自我安慰般地思忖，或许可以等待来年春天再抽出新枝。不过，如果采伐的时候伤及树根，就算它们还能再发新枝，恐怕也将是疏枝寥寥的情形了。因此，君子们理应谨慎行事，好好想一想谁才是树木繁盛的受益者。

这首诗算得上是文质咸美，既写景，又有一定思想性，明显怀有对自然物的敬重、感恩之心。

的确，如果不是有树荫等等帮助人们度过炎热的夏季，小暑一过，大暑前后，人们还不知会多经受多少暑热的煎熬。前后两个节气的"小""大"之别，已经清楚地表明了二者程度上的差异。关于这两个节气，以辑录散佚文献著称的清代文人黄奭（shì），他编纂的黄氏佚书考《通纬·孝经援神契》中是这样解释的："小暑后十五日斗指未为大暑，六月中（夏历）。小大者，就极热之中，分为大小，初后为小，望后为大也。"这里的"斗"指的是北斗七星的斗柄，"未"指的是天宫的方位，"初"指的是农历每个月的初一，"望"指的则是十五。一般情况下，大暑都是在农历六月十五之后。

关于大暑时候的闷热，北宋著名画家、诗人，别号笑笑居士、笑笑先生的文同，在《大热过散关因寄里中友人》中这样写道："六月日正午，大暑若沸镬。时行古关道，十步九立脚。烟云炙尽散，树木晒欲落。喉鼻喘不接，齿舌津屡涸。担血僮破领，鞍汗马濡膊。"

整首诗完全是一幅大暑时候暑热难耐的场景。正午时分，烈日当空，天地之间仿佛沸水翻滚的汤锅。行走在古道上的人们，几乎一步一驻足。空中的云气好像被烤得消失殆尽，树叶也被烘烤得摇摇欲坠。人人都喘得上气不接下气，口干舌燥到连一点唾液都没有的地步。挑担的童仆衣领磨破，担子上也浸染了鲜血，马鞍则被汗水濡湿，马的四肢也是汗水淋淋。

实际上，大暑的闷热从前面解读小暑节气时"暑"字的意思就可以感受到，前面再加上表示程度很高的"大"字，这个节气的寓意就更加清楚了。另外，大暑前后我国传统历法中也有"伏天""数伏""三伏"等等说法，其中的"伏"字蕴涵丰富。

首先来看"伏"字的古文字形。"伏"在金文里写成，与现在我们使用的字形同样由"人"和"犬"构成。对于这个字，从古至今主流意见以许慎为代表，认为它表示犬服侍人。后来则引申出俯伏、隐伏等意思。也有意见认为"伏"与"俯"

来源相同，所以本身就具有俯伏的意思。

小暑节气一篇曾经提到唐代武元衡《夏日对雨寄朱放拾遗》里的一句话"小暑金将伏"，而且对这句话的大致意思从阴阳五行与四季的对应关系作了初步解读，大体是说五行属金的秋季处于五行属火的夏天之后，由于存在着"火克金"这样的说法，所以秋天就不得不潜伏起来。因此，就产生了夏、秋两个季节之交的"伏天"一说。

"伏天"按照我国传统历法，一般始于夏至节气后第三个"庚日"，也就是大约20天之后。而按照半个月一个节气计算，刚好是介于小暑与大暑两个节气之间。由于不同年份的伏天有30天和40天两种情况，所以不论是哪种情况，伏天结束后一般都进入秋季了。

伏天是一年之中气温最高、天气最闷热的时候。东晋末年"才高八斗"的诗人谢灵运的十世孙、后皈依佛门法号"皎然"的唐代诗僧曾作《杂曲歌辞·苦热行》，诗中写道："六月金数伏，兹辰日在庚。炎曦曝肌肤，毒雾昏檐楹①。安得奋翅翮（hé），超遥出云征……火德烧百卉，瑶草不及荣……"这些诗句呈现的就是农历六月"数伏"的时候，称作"炎曦"的太阳火辣辣地曝晒肌肤，闷热的湿气缭绕屋檐、楹柱，百草

---

① 一作"性情"。

枯焦，几乎等不到花开。因此，诗人才生发出如何才能长出双翅，冲出九霄云外，去感受玉宇琼楼的那份清凉这样的感慨。

同样皈依佛门的宋代诗僧释德洪，也曾经写过一首《夏日陪杨邦基彭思禹访德庄烹茶分韵得嘉字》，诗的全文是："炎炎三伏过中伏，秋光先到幽人家。闭门积雨藓封径，寒塘白藕晴开花。吾侪酷爱真乐妙，笑谈相对兴无涯。山童解烹蟹眼汤，先生自试鹰爪芽。清香玉乳沃诗脾，抨纸落笔惊龙蛇。源长浩与春涨激，力健清将秋气嘉。须臾沓幅乱书几，环观朗诵交惊夸。一声渔笛意不尽，夕阳归去还西斜。"

该诗作者释德洪皈依佛门以及一生的经历都颇为曲折。他俗姓喻，年轻时曾冒名"惠洪"得剃度为僧，未曾想数年之后冒名一事却东窗事发，因此被罚入狱一年并还俗。后来由于机缘凑巧，又再度得剃度归入佛门。另外，由于与一些士大夫、官僚交往甚密，他也曾受牵连入狱或被发配。他是宋代最负盛名的诗僧，书画造诣也非常高。

释德洪的这首诗写的是三伏天已经过了一大半，暑热稍稍消退，秋色开始悄然潜入山谷里的人家。雨水积存，使得小径生出了苔藓，秋凉渐起的荷塘"映日荷花别样红"。一群有相同爱好的朋友聚在一起真是爽心开怀，大家谈笑风生、意兴无涯。童仆在烧水，即将沸腾的锅中水花如蟹眼般翻涌，主人则亲自冲泡珍贵的鹰爪茶待客。一杯香茗在手，啜饮之下，唇齿留香，一众友人纷纷捸笔挥毫、诗兴飞扬。有的诗如春潮水涨、激流奔涌；有的则像秋高气爽、苍穹壮阔。须臾之间，几案上笔走龙蛇的诗作纷沓出笼，吟诵声、称赞声不绝于耳。不知何人于嘈杂声中悠然吹奏出清亮的渔笛，众人侧耳谛听，意蕴悠长，笛声中一轮殷红的夕阳正缓缓沉向西方。

这首写于中伏之后的诗显然让人体会到了秋意渐浓，暑热将退。然而，"伏"这种说法还是令人感觉到秋天隐而不发、却而不前，因为它受到了夏季的克制。

有感于此，所以古人创造性地把一年四季变成了一年五季，于夏、秋之间增加了称作"长（zhǎng）夏"的一个季节。

唐代医学家王冰在《补注黄帝内经素问》中写道："长夏者，六月也。土生于火，长在夏中，既长而旺，故云长夏也。""长夏，谓六月也。夏为土母，土长于中，以长而治，故云长夏。"由此可见，古人把夏季的最后一个月命名为"长夏"，意思是"长夏"五行属土，依照"火生土"的说法，它正好是生长在五行属火的夏季，而且会因此而生长得非常好。

这样一来，首先解决了五行属火的夏季对继之而来五行属金的秋季的克制，而且还由于"土生金"的说法，使得夹在夏秋之间五行属土的"长夏"对后面接续的秋季反倒有了促进作用。其次，原本四个季节的历法与阴阳五行也无法完全对应，现在则可以春配木、夏配火、长夏配土、秋配金、冬配水了，而且由于木生火、火生土、土生金、金生水、水生木，五个季节的循环轮转也就完全形成了互相促进、辅助的形态。

宋代诗人陈宓曾作《长夏叹》，诗中有这样几句："六月不雨昫（xù）乌骄，飞蝗更剪深田苗。农夫抱衾覆一亩，背裂口焦如火烧。"这完全是双重打击同时来袭的场面，骄阳似火的六月天，烈日曝晒，成群的蝗虫也来损害庄稼，可怜的农夫不得已拿出被子想保护庄稼，自己的后背却被晒得绽裂般疼痛，口舌焦燥亦如置身火上。诗中的"昫乌"指的是太阳。

宋代诗人杨万里也曾作《感秋》五首，其中一首有这样几句："平生畏长夏，一念愿清秋。如何遇秋至，不喜却成愁。"诗人显然畏惧"长夏"的暑热，心里盼着秋天的到来，可是等到秋天真的来临，他又生出了新的忧愁。原来在这几首组诗中，诗人还曾经说到"秋风吹我髓，秋露滴我肝""秋晓寒何忍，秋夕永难度"，可见他内心里面也并不真的喜欢秋天。不过，诗人的心胸还是颇豁达的，所以他也说"书册秋可读，诗句秋可搜"。

闷热难当的六月"长夏"，在古代文献中较早出现的说法是"季夏"，《礼记》里面就有"季夏六月"的提法。另据记载，战国时期阴阳家邹衍也曾说过："春取榆柳之火，夏取枣杏之火，季夏取桑柘之火，秋取柞楢之火，冬取槐檀之火。"后人辑录的汉代董仲舒所作《春秋繁露》里面则更是明确"土为季夏"。

唐代诗人白居易所作《永崇里观居》:"季夏中气候,烦暑自此收。萧飒风雨天,蝉声暮啾啾。永崇里巷静,华阳观院幽。轩车不到处,满地槐花秋。年光忽冉冉,世事本悠悠。何必待衰老,然后悟浮休。真隐岂长远,至道在冥搜。身虽世界住,心与虚无游。朝饥有蔬食,夜寒有布裘。幸免冻与馁,此外复何求。寡欲虽少病,乐天心不忧。何以明吾志,《周易》在床头。"

诗人或许是寻到了清幽的处所,所以"季夏"在他看来是暑热将尽的时候。他除了在僻静之处感受那份难得的清幽与凉爽,同时也在品味人生,所以他说年华易逝,不要等到风烛残年的时候才悟出生死哲理,也不一定要到远离尘世的地方去悟道,关键在于有一颗探究、参悟之心,而且要知足常乐,安贫乐道,布衣蔬食即可。最后诗人用枕边《周易》表明了自己的志向。

季夏的清凉确实难得,当然,按照传统中医理论,"长夏"也有每个季节最后十八天这种说法,也就是说一年之中会出现四个"长夏"。

此外,"伏"表示秋季潜伏这样的说法,其实如果现实一点,毋宁说是人的隐伏,因为如果能够在闷热的伏天寻找到一处躲避暑热的地方,那岂不快意。

第二章 秋

乳鸦啼散玉屏空，
一枕新凉一扇风。

立秋

暑热已是强弩之末,当秋风渐起的时候,凉爽的季节就要开始了。

立秋

伏天虽然要延续到秋季,但是暑热毕竟已是强弩之末,当秋风渐起的时候,凉爽的季节就要开始了。立秋节气每每吹响秋高气爽的号角,所以上了年纪的老者,一到立秋时节,常常会告诉晚辈:身上不会再那么黏了。这就是说大气中的湿度将会降低,闷热的感觉也会明显减弱、消退。

宋代诗人刘翰作品不多,而且后世也有一些人对他诗文的评价并不高,但是他创作的《立秋》却是立秋题材诗文中的翘楚:"乳鸦啼散玉屏空,一枕新凉一扇风。睡起秋声无觅处,满阶梧叶月明中。"乳鸦啼叫声中,笼罩玉屏山的湿热云气渐渐消散,山色一片空明,枕席开始渗出一丝凉意,风也变得清爽起来。夜半梦醒,迷蒙中正犹豫哪里能聆听到秋的声音,耳畔却适时传来庭堂台阶上梧桐落叶的沙沙声响。诗中的"玉屏"指的是现在江苏省苏州市西南郊的玉屏山,因为诗人刘翰当年长期客居"临安",所以同玉屏山是近邻。

唐代诗人杜牧曾作《七夕[①]》七言绝句。由于历史上确实存在着七夕立秋的情况，例如宋代秦观的《渔家傲·七夕立秋》，因此，杜牧的诗也可以看作是描写立秋时节的作品。全诗是："银烛秋光冷画屏，轻罗小扇扑流萤。瑶阶夜色凉如水，坐看牵牛织女星。"这同样是一首能让人感受到凉爽秋意的诗作。秋夜来临，连摇曳的烛光都给室内的画屏平添淡淡的凉意，姑娘们手持纨扇在院子里轻扑闪烁飘忽的萤火虫。玉宇琼楼夜凉如水，银河两岸的牵牛与织女交相辉映，是那么晶亮，又是那么孤寂、落寞。

秋天到了，随着时序轮转，大自然的万千事物确实也在生命的旅程中经历着种种变化。唐代诗人司空曙曾作《立秋日》，诗中有："律变新秋至，萧条自此初。花酣莲报谢，叶在柳呈疏。澹日非云映，清风似雨馀。卷帘凉暗度，迎扇暑先除。"诗文除了写朗日、晴空、秋风，以及暑热消减的情形，前面还着重写了若干种植物在夏秋之际的变化。在草木萧疏的秋季主旋律之下，荷花正妍，莲子初结，柳叶虽在，但是由于叶片中的水分变少，柳树已经呈现出稀疏的趋势。

莲子开始成形，它是在告诉人们，它对大自然阳光雨露的滋养之恩铭记在心，所以它要感激、报恩；与此同时，也是在

[①] 这首诗版本不一，有的版本作《秋夕》；而且正文中也存在着"瑶阶／玉阶／天阶""坐看／卧看"等等差异。

告诉人们收获的季节就要到了。

秋季就是收获的象征，因此，以两首《悯农》诗著称的唐代诗人李绅在其中一首中就写道："春种一粒粟，秋收万颗子。"但是，就是以这种效率尽心尽力侍弄庄稼的农民，在封建时代的沉重赋税之下，依旧"四海无闲田，农夫犹饿死"。

很显然，秋天的丰收，完全是千千万万"锄禾日当午"的农民，用他们勤劳的双手所造就。

立秋的"秋"这个字在甲骨文里写作 等，描画的是一种对农作物有害、但同时也被很多人喂养并用于竞胜游戏的昆虫——蟋蟀。蟋蟀又名"促织、蛐蛐"等，由于这种昆虫大都是在农历七月开始鸣叫，所以有些人就认为它是被借用过来表示秋季的。

此外，也有一种说法是，甲骨文里面还有一个字，是在蟋蟀图形的下面又增加了"火"字的形状 ，意思是农作物成熟，间接表示农作物成熟的"秋天"。这种意思恰好符合了现在我们所使用的"秋"字，它的左边是表示农作物的"禾"，右边则是可以使食物成熟的"火"。也有意见认为，"秋"表示秋收之后焚烧庄稼秸秆，用以肥田，以备来年再播种。

麦浪滚滚，一望无际的金黄预示着种田人日出而作、日落而息的收获，这是大自然的馈赠，更是劳动者汗水的结晶。因此，"麦秋"这种说法其实更适合彰显"秋"表示庄稼成熟的含义,因为麦收时节还没有进入时序意义上的秋天。

  由于具有农作物成熟的含义,于是"秋"这个字也被赋予了"丰收、喜悦"等等意蕴。因此,一年一度的中秋节,虽然其来源存在着若干种不同说法,但是其核心依然能够显示出庆祝丰收的意味。例如根据研究《诗经》的《毛诗故训传》,《诗经》中的《载芟(shān)》和《良耜(sì)》两篇,前者为"春藉田而祈社稷",而后者则是"秋报社稷也"。意思就是春季播种的时候祭祀土地神祈盼丰收,秋天的时候则祭祀土地神报答其赐予的收成。清代道光年间进士、祖籍贵州毕节的文人路璜就曾作《致祭中岳礼成恭纪》,里面正有"心期海晏河清日,典重春祈秋报中"这样两句。

  另外,"秋报"这种说法还有秋季得到的回报,也就是"收获"的意思,例如宋代诗人黄庭坚的《按田并序》中就有"春秧百顷粳,秋报千仓获"。还有,宋代诗人卫宗武所作《野步》和《和催雪》两首诗里,也分别有"田家竞秋报,社鼓乐村坊"和"年丰常愿颂秋报,岂止击壤歌三农"等。

  按照《礼记》记载,西周的时候,每逢立秋节气,朝廷都要适时推进一些相关的工作。例如关于军队训练:"天子乃命将帅,选士厉兵,简练桀俊,专任有功,以征不义,诘诛暴慢,以明好恶,顺彼远方。"国防乃立国之本,看起来,西周统治者也非常清楚这一点,所以才在立秋的时候明确统兵将帅应加强军训、遴选精兵，随时准备着消除不安定因素、征讨不仁义势力，以安定王朝周边环境。

除了军队，农业是国家的基石，也是国力的重要支柱。因此，《礼记》中也有："农乃登谷。天子尝新。先荐寝庙。命百官，始收敛。完堤防，谨壅塞，以备水潦。""乃命有司，趣民收敛，务畜菜，多积聚。乃劝种麦，毋或失时；其有失时，行罪无疑。"这些措施，首先表明收获的时候不能忘记神灵、祖先，所以君主要通过祭祀表达对他们的感恩与敬重。其次，朝廷还要督促官员监管秋收以及储藏粮食和蔬菜的工作，并统辖修补堤防、防备水患的工程。最后，为了来年的农事与收成，各级官员也要牢记农时，协调好冬小麦的种植事务，如果耽误了农时，那可是要被治罪的。

另外，养老、敬老，这是中华文明绵延数千年的优秀传统。远在西周的时候，《礼记》中就在即将迎来秋收的立秋节气明确提出："养衰老，授几杖，行糜粥饮食。"年迈的老者接受官府赠予的拐杖和粥食，这是统治者用来提倡敬老和孝道的重要举措。当然，在封建时代，由于当权者的贪腐与昏庸等等原因，一些政令也难免成为官样文章，例如元代马端临《文献通考》引汉安帝年间史料：

元初四年，诏曰："《月令》，仲秋'养衰老，授几杖，行糜粥'。方今八月，按比之时，郡县多不奉行，虽有糜粥，糠秕、泥土相杂，不可饮食，长吏怠事，莫有躬亲，甚违诏书养老之意。"

很显然，汉代时一些无良的官员竟然在送给老人的粥里还混杂着糠秕甚至泥土，这就完全违背了养老、敬老的初衷。

似乎一生病魔缠身的诗圣杜甫，在忧国忧民的同时，晚年几乎也是几杖不离手了，就像他在《回棹》这首诗里写道的："几杖将衰齿，茅茨寄短椽。"一方面，他苍老衰病的身躯需要借助拐杖才能行动；另一方面，简陋短椽上覆盖着茅草的屋顶也是他窘迫生活的真实写照，一如他在《茅屋为秋风所破歌》中所写的那样。

由于拐杖多与老年相伴，所以"几杖"后来就可以用来代指老年人了。例如宋代诗人陈傅良《和郡守沈持要赏柑之什三首》之一："四海衣冠多后进，两朝几杖旧同邀。"这两句诗既诠释了长江后浪推前浪的现实，称颂了普天之下青年才俊辈出的盛况；同时也回味了两朝耆宿曾经一同出游的情景。

历朝历代的文人墨客，每逢时令或佳节，三五好友相约出游，这是一件十分常见的风雅事。南宋词人高观国就曾在立秋时节泛舟西湖，并作《思佳客·立秋前一日西湖》。词的全文是："不肯楼边著画船。载将诗酒入风烟。浪花溅白疑飞鹭，荷芰藏红似小莲。醒醉梦，唤吟仙。先秋一叶莫惊蝉。白云乡里温柔远，结得清凉世界缘。"

词人显然不愿意泊船岸边看风景,而是要到开阔的水面一面行舟一面欣赏秋日风光。行舟湖上,美酒做伴,暑热消退的云烟中,有朗朗诵诗声萦绕。朵朵浪花如翩翩白鹭,亭亭玉立的荷花间尚有含而欲放的花苞。风光旖旎,催人酒醒,也唤起人们吟诗的兴致。在这难得的安逸氛围中,词人也希望片片飘舞的落叶,莫要惊动树上的秋蝉。并且愿人世间的一切都沉醉于白云营造的温柔乡里,珍惜与这个清爽世界之间那份难得的尘缘。

友情珍贵,人间美景亦珍贵,所以中华文明中才会有不胜枚举的山水田园诗。唐代诗人卢纶写于立秋时节的应和诗《和太常王卿立秋日即事》,便是吟诵四时美景的佳作。诗里不仅有"嵩高云日明,潘岳赋初成。篱槿花无色,阶桐叶有声。绛纱垂簟净,白羽拂衣轻""松篁终茂盛,蓬艾自衰荣"等纯粹描写景物的词句,而且还有"鸿雁悲天远,龟鱼觉水清。别弦添楚思,牧马动边情"等抒发感情的句子。

卢纶这首诗,描写的是比较典型的秋日风光。里面既有天高云淡,花谢叶落,也有依然茂盛的青松与翠竹,同时还提到了西晋美男子、文学家潘安创作的《秋兴赋》。潘赋之所以以"秋兴"命名,正像他自己在序中所言:"于时秋也,故以'秋兴'命篇。"

卢纶大概是真心景仰先贤潘岳,并且十分钦佩其出众的才华，因此，他的诗里明显有从《秋兴赋》里借意、取意的现象。例如潘赋中有"蝉嘒（huì）嘒而寒吟兮，雁飘飘而南飞""听离鸿之晨吟兮"等等语句，这些句子在表现秋风渐凉的同时，也暗含着作者在挥别南飞大雁时的那种淡淡的眷恋乃至忧伤。恰恰卢纶的诗里也有"鸿雁悲天远"这样的诗句，而且他还进一步吟出"别弦添楚思，牧马动边情"。诗句中的"楚思"点明了浓浓的思乡之情，而"边情"则是借边疆的牧马烘托人的思乡情怀。

秋季叶落花残，常常勾起游子的思乡愁绪，南宋诗人陆游和元代文人马致远以《秋思》为题的作品早已成为萦绕游子心中的思乡曲。相比之下，陆游的诗如淡墨轻烟，一缕愁绪绵绵不绝；而马致远的词则似重彩彤云，一腔乡思风急雨骤。

陆游在诗中写道："砧杵敲残深巷月，井梧摇落故园秋。"诗句中，里巷悠长，明月高悬，一阵阵捣衣声伴着清冷的月色，井台边落叶飘零的梧桐树则透出故乡秋天的萧疏。"砧杵"在古代诗文中常常代表秋天的意象，如唐代钱起"千家砧杵共秋声"，杨凝"砧杵闻秋夜"以及白居易"风疏砧杵鸣"等等。

马致远的词，全文是："枯藤老树昏鸦，小桥流水人家，古道西风瘦马。夕阳西下，断肠人在天涯。"词中的词句看似散漫，各自为阵，放在一起却营造出一种让人沉重和酸楚的意境，除了小桥流水、烟火人家以及西沉的落日，其余种种，无一不是凄凉的风物，衬托着浪迹天涯的断肠游子。

那浓浓的乡思，就融在这意蕴悠长的一字一句之中。

当然，从全文来看，陆游的诗除了乡愁，其实还渗透着他的家国情怀，因为诗的结尾两句"欲舒老眼无高处，安得元龙百尺楼"中，"元龙"指的是三国时期怀有扶世济民之志的陈登，后世也常常用"百尺卧高楼"称颂陈登的豪气。可见，陆游是借这个典故表达自己报效国家的意念，以及壮志未酬的那份遗憾。

夏 晋

时序交替，一年之中让人感觉最舒适的时段就要开始了。

处暑

一般说来，立秋虽然是暑热消退的开端，但是，真正能让人明显感觉到凉爽秋意的，却还要等到立秋之后的又一个节气——处暑。因为到处暑的时候，闷热的"伏天"或者已经结束，或者已经到了尾声，时序交替，一年之中让人感觉最舒适的时段就要开始了。

宋末元初文学家、书法家仇远的《处暑后风雨》描写的就是处暑时节的普遍情形："疾风驱急雨，残暑扫除空。因识炎凉态，都来顷刻中。纸窗嫌有隙，纨扇笑无功。儿读秋声赋，令人忆醉翁。"看上去，文学家在处暑前后是闲居在家，所以当初秋的风雨汇集而来的时候，他觉出了穿牖而来的凉风，看到了被女眷闲置一旁的纨扇。当耳畔响起小儿女朗读《秋声赋》的稚嫩童声时，诗人不禁想到写作此文、并以《醉翁亭记》得号的宋代文豪欧阳修。

欧阳修的《秋声赋》，里面至简至精的"其色惨淡，烟霏云敛；其容清明，天高日晶；其气栗冽，砭人肌骨；其意萧条，山川寂寥"等几句话，简直把秋天的意态描述得妙不可言。烟云为秋色，日空映秋容，凉风作秋气，山川显秋意。这无疑是描述秋天的绝佳词句。

南宋诗人、曾师从陆游并与辛弃疾等人有过诗文唱和的苏泂（jiǒng），传世诗中有《长江二首》，其中一首是："处暑无三日，新凉直万金。白头更世事，青草印禅心。放鹤婆娑舞，听蛩断续吟。极知仁者寿，未必海之深。"

这首诗也是不可多得的描写处暑节气的佳作。诗中不仅把处暑的凉爽比作价值千金的"玉盘珍馐"，而且其中的"放鹤、听蛩"也是洒脱生活的写照。在写"放鹤"的时候，或许还隐含着作者对创作《放鹤亭记》的前辈苏东坡，以及东坡先生的好友、修建放鹤亭的彭城隐士张天骥的敬重。诗里还有感而发，言说年龄虽随世事更迭，而参悟脱尘之心却像纤尘不染的青草，而且还悟出有仁心者，其生命堪比大海之深的人生哲理。

从上面提到的作品看，处暑显然是暑气将尽的时节，许多古代经典也说"处暑"的意思就是暑热终止，其中"处"就表示"止"。

"处"这个字之所以能够表示"停止、终止"等意思，是因为它在甲骨文里写作 𠁁 等，由上面表示矮桌子的"几"和下面表示人体下肢的"夊（suī）"组成，意味着人遇到桌子停下来，所以最初意思就是停止。例如三国时期曹植《浮萍篇》:"日月不恒处,人生忽若寓。"这两句话的意思是说日月不会停止运行,而人生短暂,就像是来人世寄居一场。

由于具有"停止"的意思,而停下来往往又意味着驻足某处、居于某处,所以"处"后来就发展出了"处所、地点、地方"等意思。例如"何须广居处,不用多积蓄""晓看红湿处,花重锦官城""春眠不觉晓,处处闻啼鸟"等等。只是表示这些意思的"处"不能再读第三声,而是要读成第四声了。

按照节气与日期的对应关系,"处暑"大致是在农历七月十五前后,而这个时间,民间最重大的活动莫过于"中元节"了。

"中元"这种说法源自道教,佛教则称作"盂兰盆节"或者简称"盂兰节"。这个节日的主要活动就是祭祖奉亲、慰问游魂,所以民间也称"鬼节"。节日的基本宗旨是感谢祖先以及离世父母的养育之恩,同时供奉从地府出来短时游荡的魂灵。如果抛却迷信成分,这种节日活动其实是在劝人向善,让人能够养成感恩意识和慈悲心肠。

北宋"苏门四学士"之一的文学家张耒,似乎对"处暑"这个节气情有独钟,所以他有若干篇诗文都涉及"出伏""处暑"这样的内容。例如他的《出伏调潘十》:"伏尽热随尽,古语常有凭。淮南岁苦旱,秋暑郁方蒸。老火炽而焰,弱金融未凝。火云大江沸,烈日群山赪(chēng)。平生白羽扇,挥拂何功能。蓬头卧永昼,起冠汗沾缨。柯山屡空子,贫病复相仍。衡茅未可诣,作诗问寝兴。"

这首诗主要写的是现在我们常常说的"秋老虎",因为按照民间流传下来的说法和气候的一般规律,处暑的时候,天气本来应该转凉了,可是诗人创作这首诗的那年,不幸碰到江南大旱,处暑的时候依然烈日炎炎、江河沸热、峰峦焦赤、暑气蒸腾,五行属"金"的秋季仿佛还未能凝聚起来形成气候。在这种情况下,扇扇子几乎等于做无用功了,所以诗人一整天只能蓬头垢面熬日子,如果束发戴冠就立刻汗水涔涔。原本布满荆棘的山冈,也变得草木稀疏,诗人自身则是贫病交加,因而也就无法前往故友的乡野居所去看望问候,只能通过寄诗来询问友人的起居状况。

张耒的另外两首诗《苦雨》和《斜日二首》之一,也都同"出伏"有关。前者写道:"伏尽暑初变,西风作秋声。潇潇晚雨急,达旦声不停。阴暝鸡失警,微凉肃晨兴。湍流冒阶闼,积潦被门庭。仰视天盖低,玄云送惊霆。黑蜧乐以逞,商羊方未宁。后土何茫茫,流潦浩纵横。忧念在民食,敢私兰菊荣。漠漠暮未已,琅琅夜还增。嗟余但高枕,饱食愧疲氓。"

后者则是:"伏尽金才壮,天高火欲流。病惊抛酷暑,诗兴得高秋。昼静尘埃少,宵凉河汉浮。青伤桐叶腻,爽夺蕙兰柔。

晚岁寒将届，群芳叶不收。幽人多感慨，啼鸠助骚愁。病懒非高卧，疏迂却自由。功名与世事，摆落醉乡游。"

在《苦雨》一诗中，看来是诗人在经历了"秋老虎"的磨炼之后，又一次在出伏的时候遇到了恶劣天气。原本暑尽秋凉，没承想又逢连日阴雨，电闪雷鸣，乌云压顶，天地一片昏暗，以致报晓的雄鸡都由于感受不到天亮而"万鸡齐喑"，湿冷的天气更是消减了人们秋日早起的兴致。洪水肆虐，四野茫茫，连房舍庭院也都横遭水淹。抬头望天，阴云蔽日，豪雨如注，预示洪水和大雨的神蛇"黑蜧"与神鸟"商羊"显得极其活跃，天气连一点放晴的迹象都没有。这种境况，难免让人担心今年的收成和老百姓的生活，岂会仅仅关心兰花、菊花是否盛开。不仅黄昏一般的幽昏晦暗弥漫寂寥无边，就算九霄之上清朗的夜色，到了这个季节也是一天一天在增长。诗人在感叹之余高枕而卧，摸摸饱食的肚子，心中却有忐忑：那些漂泊在外的流民，时下又如何呢？

诗人能够关注民生，这是一种值得称道的情怀。而在两度遭遇初秋极端天气之后，终于有一年，诗人总算幸遇了常态下的"出伏"，《斜日二首》之一便记录了彼时的情形与感受。

"三伏"已过，"属金"的秋天正当时，天上的"大火星"也在按照运行规律而"七月流火"。秋高气爽，不仅诗人的病情得以好转，而且还带动了吟诗的雅兴。白日静谧，空气清新；夜晚凉爽，星汉灿烂。梧桐叶绿中泛黄，已经失去往日的润泽；蕙草、兰草经受秋风洗礼，原本妙曼的身姿也渐失柔婉。到了一年中的后半段，寒气将至，百花也会凋谢。离群索居之人自然会生出悲秋情绪，以啼叫声预示花朵飘零的杜鹃鸟更会成为酒入愁肠的助燃剂，而不会成为"何以解忧"的"杜康"。诗人染疾卧床，并非高枕无忧，但是远离尘世，倒也换得身心自在。所以，那些束缚世人的功名与纷扰，在几盏杯中物之后，便会化作浮云，消散一空。

张耒对于功名的态度，说到底还是专注于自身的某种思考。而在他"百年"之后出生、可以说与他同时代的诗人王之道，虽然兄弟三人同登进士第，但是王氏写的《秋日喜雨题周材老壁》，眼界就开阔了许多。诗中写道："大旱弥千里，群心迫望霓。檐声闻夜溜，山气见朝隮（jī）。处暑余三日，高原满一犁。我来何所喜，焦槁免无泥。"

这首诗主要写的是处暑之后第三日天降甘霖，百姓欢喜。因为那一年处暑之前旱情严重、赤地千里，所以老百姓迫切盼望能来一场雨水。这场喜人的及时雨，终于使田野里又出现了犁的影子。诗人目睹这雨后美景，看着一株株重获湿润泥土滋养的枯草，不由沉浸在满心的喜悦之中。

王之道不仅是在这首诗里表现出对民众疾苦的关注，而且根据史料记载，他的为人处世在当时以及后世也被广为称道，并曾因忤逆当朝宰相秦桧而遭到贬官。与他相比，当时的另一位诗人张嵲（niè），虽然文采出众，但是由于曾向秦桧献媚，所以就被一些人认为"深玷生平"。

张嵲写过一首《七月二十四日山中已寒，二十九日处暑》，全诗是："尘世未徂（cú）暑，山中今授衣。露蝉声渐咽，秋日景初微。四海犹多垒，余生久息机。漂流空老大，万事与心违。"

诗中的"多垒"指的是外面布满了障碍或营垒，意味着当时是多事之秋。"息机"指的则是按捺处世的心机，其实在这里是一种美化自己的言辞。

张诗一开头写的是处暑的时候山里已然转凉，但是山外的暑热尚未消退，树林里秋蝉的鸣叫声渐渐低沉，秋日的景色也慢慢呈现。这时候，人世间亦是纷扰不断，时有战乱，诗人自己身处宋、金之间烽火频仍的乱世，所以也不由自主地看破红尘，弃置追求功名利禄的心思。回首前尘，随波逐流，往事一切成空，所有的结果似乎都与自己原来的心愿相违。

铅华落尽，像极了人世间的秋景，在这样的日子反躬自省，倒也不失为一种明智之举。当然，才到处暑，秋天的路仍然漫长；而君子修身，亦不妨"路漫漫其修远兮，吾将上下而求索"。

白露

白露是让人萌生愁绪、心情黯然的季节,而这个节气本身却有光明的寓意。

白露

时间进入农历八月,天气由暑热到凉爽的脚步进一步加快。就像炎炎夏日我们拿到一瓶冰镇饮料那样,瓶身转瞬间就会蒙上一层水汽,甚至还会形成"汗如雨下"的情形,这便是水蒸气遇冷液化的一种正常物理现象。

天气转凉,自然界万千事物的"体温"必然也会随之下降变凉,这时它们的身体表面就会成为空气中水汽集结的绝好场所。而水汽汇聚的结果,便是晶莹剔透的露珠,于是,我们就迎来了被称作"白露"的节气。按照《月令七十二候集解》中的说法,所谓"白露"就是:"八月节……阴气渐重,露凝而白也。"

唐代诗人陈子昂曾作《送著作佐郎崔融等从梁王东征》:"金天方肃杀,白露始专征。王师非乐战,之子慎佳兵。海气侵南部,边风扫北平。莫卖卢龙塞,归邀麟阁名。"

这是陈子昂于初秋时节送别好友崔融随武则天侄子、梁王武三思出征时所作的送别诗。由于按照阴阳五行与季节的对应关系，秋天属金，所以诗人开篇就写到秋天即将出现万物肃杀的局面，而大唐的军队也要启程出征了。然而，王朝的军队并非一味耀武兴兵的好战之师，所以刀兵之事需要十分谨慎。当然，为了安定王朝治下的社会，朝廷军队挥师之处，无论南北，必然如同秋风扫落叶般地荡平一切不安定因素。

诗的末尾两句引用了两个典故：一个是三国时期，一位名叫"田畴"的人，曾经向曹操献策由卢龙塞进军北伐，可是当曹军依计获胜之后，田氏却以不能以出卖卢龙塞而接受赏赐为由，谢绝了曹操的论功行赏；另一个是汉武帝时建立"麒麟阁"，用于记载西汉名将霍光等人的功绩。诗人之所以引用这两个典故，其用意是希望崔融看淡现实名利，而要着眼于青史留名。

以浪漫诗仙的美誉而名留青史的唐代诗人李白，也曾经用对比手法创作《秋思》："春阳如昨日，碧树鸣黄鹂。芜然蕙草暮，飒尔凉风吹。天秋木叶下，月冷莎鸡悲。坐愁群芳歇，白露凋华滋。"在诗人笔下，春日的灿烂繁盛已恍如昨日，秋风一起，草木凋谢，月色清冷，野禽寒噤，晶莹的露水也成了花叶零落的催化剂。

诗句中浓浓的伤秋意味跃然纸上。而且李白还有几首与白露有关的诗文，诗句中同样也蕴涵着比较浓重的愁绪或乡思。

例如《相和歌辞·玉阶怨》："玉阶生白露，夜久侵罗袜。

却下水精帘，玲珑望秋月。"有人评价李白这首诗是写宫怨或者闺怨题材的诗文中，最委婉、却又最深沉动人的标杆式作品。整首诗基本上采用了白描手法，只是写白露前后，夜晚的庭院台阶上已经有露水出现，一位佳人在外面驻足良久，露水已经打湿了她脚上穿的袜子，于是她转身回屋，轻轻放下悬在门上的珠帘，透过玲珑的门帘凝望天上那一轮朦胧而又皎洁的明月。

这首诗画面感非常强，唯美且极具冲击力，诗的意境在于：秋露凝时，夜凉如水，伫立庭院的红颜无疑是在无望地等待，她的心中明镜一般，所期待的人一定不会回来，无奈一腔愁绪难耐，身虽回转，却依然抬眼凝望，结果只能落得——孤零零一盏金樽空对月。

李白的《秋夕旅怀》亦是抒情之作："凉风度秋海，吹我乡思飞。连山去无际，流水何时归。目极浮云色，心断明月晖。芳草歇柔艳，白露催寒衣。梦长银汉落，觉罢天星稀。含悲想旧国，泣下谁能挥。"

这首诗明显是旅途中的思乡曲了。诗仙人在旅途，眼里是连绵的群山、东流的江水，还有片片浮云、凋零的花草以及黎明时暗淡的星河。他的心中则是愁思翻涌，感慨群山就像旅途一样绵延无际，流水一去也是回转无期，家国在心，泫然而涕下，怕是难寻拭泪的良方了。

白露是让人萌生愁绪、心情黯然的季节，而这个节气本身却有光明的寓意。

"白"这个字在甲骨文里写作☉☉等,有人认为它表示太阳的光亮;也有人认为它意味着灯烛的光亮。总之,它的意思与明亮有关。

根据现代科学观念,"白"原本就是一种亮度概念,而并不是色度概念,只是由于它的定义大致是物体对光的完全反射,因而往往会带给人像雪一样的视觉感受,所以"白"就有了并非科学意义上的颜色含义。

至于"白露",恰恰也意味着晶莹透亮的水珠。由此可见,中华祖先创造文字的时候,实际上也包含了许多科学道理。例如刘禹锡《窦朗州见示与澧州元郎中早秋赠答命同作》,里面就有:"秋风门外旌旗动,晓露庭中橘柚香。玉簟微凉宜白昼,金篪入暮应清商。"诗句的基本意思是秋天到来的时候,清晨飘香的橘柚上依稀挂满了露珠,御暑的竹垫适宜阳光炽热的白昼,而黄昏时分胡笳一曲,悠扬的曲调却是应和秋天的凄清"商调"。

"露"这个字由"雨"和"路"构成,下面的"路"表示字的读音与它接近;上面的"雨"意味着"露"也和雨一样属于一种与水有关的自然现象,所以这个字的基本意思就是"露水"。李白的《送郄昂谪巴中》诗中就有:"瑶草寒不死,移植沧江滨。东风洒雨露,会入天地春。"

雨露滋润，万物生长，大概是秋天的收成让民众感念天地神明的保佑，所以"白露"时节，民间有祭祀治水英雄大禹的传统，因为他疏通河道、治理水患的同时，也促进了水利建设和农业灌溉的发展。

另外，对于一些茶客来说，白露也是一个品尝新茶的好时节。一般情况下，人们往往都是对春茶趋之若鹜，而相对于柔嫩、清香的春茶，白露前后采摘的"白露茶"因其更加经泡、滋味也更加绵长等特点，的确也俘获了不少茶客挑剔的口味。

好茶历来与好水相伴。由文学家朱自清先生翻译的法国地名"枫丹白露"，字面本来就美，还能给人带来无限遐想的空间，而它的原文，在法语里的意思正是"清澈美丽的泉水"。

看起来，"白露"与水确实缘分匪浅。

杜甫曾有诗作《与任城许主簿游南池（池在济宁州境）》："秋水通沟洫，城隅进小船。晚凉看洗马，森木乱鸣蝉。菱熟经时雨，蒲荒八月天。晨朝降白露，遥忆旧青毡。"

诗里呈现了沟洫连通，渠水荡漾，一叶扁舟载着诗人和友人在水中逶迤迂回。黄昏的时候，他们看见有人在渠边清洗马匹，密密的树林里则有蝉声传来。几场秋雨之后，菱角已经成熟，但是香蒲却到了荒芜的季节。露水正浓的清晨，常常会令人想起家中的旧物。

诗里的"青毡"是一种具有标志性的物品，既指青色的毡子，也表示值得珍惜的传家之物，故有"青毡故物"之说，后来也省作"青毡"。

《晋书·王羲之传》就记载了"书圣"王羲之的儿子、同样以书画闻名的王献之的一则轶闻，大意是有一天夜里王家来了盗贼，当他们窃得不少东西之后，又去拿一块青色的毡子，没承想，被惊醒后一直在暗中观察他们的王献之突然开口说道："偷儿，青毡我家旧物，可特置之。"猛然听到有人说话，几名盗贼吓得大惊失色，连忙扔下手中的赃物，屁滚尿流地狼狈逃窜。

"青毡"由于可以表示家中旧物，所以它也成了家传旧业的标志，例如宋末元初江西文学评论家、诗人刘埙的《隐居通议·骈俪一》："慨青毡之未复，誓铁砚以相从。"这两句话的大致意思是祖业未复，所以要发奋苦读圣贤书，努力实现心中的抱负。其中"铁砚"一说又源自《新五代史·桑维翰传》，是用铁砚磨穿作比喻，形容勤奋刻苦学习。南宋大诗人陆游也有《寒夜读书》："韦编屡绝铁砚穿，口诵手抄那计年。"像孔夫子一样把书翻来覆去地读到连装订的皮绳都磨断，抄书、写笔记直至把铁砚都磨穿，而且沉浸在书中浑然不觉今夕是何年。这是怎样一种痴迷于书的状态呀！

另外，"青毡"还可以用来指清寒贫困的人，或者指清寒贫困的生活，例如清代曹寅《西轩赋送南村还京兼怀安侯姊文冲谷四兄》诗之一:"朱绂聊通隐,青毡尽洁家。""朱绂"乃是官服;"通隐"则指旷达的隐士,源自人们对东晋、南朝时期的美术家戴逵和隐居不仕的何点两位高人的称道。所以,曹寅的话大致意思是:尽管暂且身居官位,心中却依然存留隐士情怀;就算生活清寒、贫困,也能治家有方、有序。

隐士情怀在中国封建时代是不少文人毕生的信念与追求,虽然每个人的情况不尽相同,但是这种情形所折射出的,实际上是不同时代文化群体对当时社会状况的某种不满意。正像《论语》所记载的孔夫子言论"天下有道则见(xiàn),无道则隐"那样,世道清明,有本事、有抱负的人当然应当出来做事;如果世道浑浊,君子则要隐居避世。

唐代诗人岑参的《巩北秋兴寄崔明允》这首诗,里面除了描写白露前后自然界的景象,也把话题指向人们借以安身立命的人品和志向等。诗里写道:"白露披梧桐,玄蝉昼夜号。秋风万里动,日暮黄云高。君子佐休明,小人事蓬蒿。所适在鱼鸟,焉能徇锥刀。"

诗的前四句完全写景,以梧桐树披挂上晶莹的露水、黑色的秋蝉日夜鸣号拉开序幕,接着便是秋天的劲风掠过广袤的原野,日暮时分云色黯淡、天空高远。

后面四句话锋一转,先是谈论君子与小人的差别:前者绝对是美好清明世道的佐助;后者却常常会做草莽之人以及苟且之事。然后再发表议论说,君子、贤人所向往的乃是隐逸的桃源,岂会追逐世俗的蝇头小利。

"休明"的意思是美好、清明。"休"这个字由单人旁和树木的"木"构成,表示人倚靠在树上歇息,其中隐含着背靠大树好乘凉的寓意。能得到大树的荫庇和支撑,这显然是一桩美事、好事,所以,"休"这个字后来就有了美好的意思,例如宋代诗人张嵲(niè)的《赠别》:"茂烈盖当代,休声垂亿年。"诗句里的"休声"指的就是美好的名声。

"蓬蒿""鱼鸟"分别指的是草莽和隐逸的景物,例如李白:"仰天大笑出门去,我辈岂是蓬蒿人。"以及宋代词人赵磻(pán)老:"物外烟霞供啸咏,个中鱼鸟同休逸。"而"锥刀"指的则是微小的利益,例如南北朝时期鲍照《代边居行》:"悠悠世中人,争此锥刀忙。不忆贫贱时,富贵辄相忘。"

追逐蝇头小利,显然这绝非大丈夫所为。因此,就算从刀笔小吏起家的萧何和曹参,虽然当年做的都是一些离不开刀笔的日常琐事,但是由于他们心存鸿鹄之志,并不为眼前俗务所困,因此,一旦遇到恰当时机,便能一飞冲天,成就一番事业。例如清代文人吾庐孺的诗《各部院录事》,诗里的"辛勤十载弄锥刀,多少萧曹话此朝",说的便是这段历史。而诗圣杜甫的《述古三首》里"岂惟高祖圣,功自萧曹来",则显然就是在称颂为汉朝基业立下汗马功劳的萧何与曹参。这就凸显出文学作品的教化作用了。

岑参的诗像古代一切微言大义的诗词一样,咏物乃是引子和铺垫,感物抒怀、教化世人才是其根本意图,而这样一些与节气有关的诗词,在丰富咏物主题的同时,也必将进一步充实我国传统节气的内涵与底蕴。

秋分

按照历法，秋分日确实是在中秋节前后，所以无论节气还是节日，均意味着秋季已经过半。

秋 分

白露之后,气温持续走低,天气进一步变得凉爽。时序就要进入一年之中又一个白昼与夜晚的时长大致相等的节气——"秋分"了。

秋分与春分一样,其中的"分"都是分半的意思,实际上也就是一天之中白天与黑夜各占一半。这时候太阳也从夏至时直射北回归线,逐渐运行到直射赤道。由于太阳光照射北半球的时间与角度的变化,每到这个时候,地处北半球的中国,绝大部分地区都会处于比较凉爽的季节。

北宋文学家、"江西诗派"名家、以咏蝶诗著称的谢逸曾作《点绛唇》:"金气秋分,风清露冷秋期半。凉蟾光满。桂子飘香远。素练宽衣,仙仗明飞观。霓裳(cháng)乱。银桥人散。吹彻昭华管。"

在这首作品中,谢逸首先点明时节已是秋分,风、露清凉,秋天过半。然后他把视线转向天空,笔锋勾画出一轮清冷的满月,并把传说中月宫的月桂和人世的桂树相映衬,烘托出桂花飘香的优美意境。接着,诗人想象的玉宇琼楼中是一派霓裳羽衣、仪仗鲜明的景象。仙女们衣袂飘飘妙曼起舞,曲终人散时,悠扬的仙乐依然袅袅如缕、萦绕不去。

词中的"飞观"指的是高耸的宫阙,例如宋代词人柳永《仙吕宫·倾杯乐》:"连云复道凌飞观。耸皇居丽,嘉气瑞烟葱蒨(qiàn)。"几句话便勾画出一幅山重路复、宫阙高耸、祥云缭绕的仙境图。

"昭华管"指的则是宫廷中的管、笛等乐器。此说源自汉高祖初入咸阳宫,看到珍宝无数,其中有一支玉管颇神奇,据《西京杂记》等文献记载,此管吹奏时会出现车马山林等幻景,乐止则影散。由于此管乃玉石所制,所以也有个别文献写作"昭华琯"。

九霄仙宫自然令人神往,人世美景同样引人入胜。唐代诗人,和孟郊并称"郊寒岛瘦"并且果然贫寒到百年之后还要好友韩愈等人凑钱入土的贾岛,曾作《夜喜贺兰三见访》:"漏钟仍夜浅,时节欲秋分。泉聒栖松鹤,风除翳月云。踏苔行引兴,枕石卧论文。即此寻常静,来多只是君。"

细读诗文,不难想见诗人当时大概是离群索居,与松石为伴。其时,节气已近秋分,漏壶清浅夜未深,山泉淙淙伴鹤眠,一阵秋风吹散遮月的阴云,朗朗清辉和生出青苔的小径,都让人盘桓，又助人诗兴，甚至还能使同行良朋枕石而卧、谈诗论文。当然，能够屈尊来此幽静之所探访诗人的，大多是诗人一位姓"贺兰"的好友。

朋友相聚，必然会有分别。晚唐著名边塞诗人马戴有一首《送僧归金山寺》，大概就是在送别僧人朋友时所作。诗的全文是："金陵山色里，蝉急向秋分。迥寺横洲岛，归僧渡水云。夕阳依岸尽，清磬隔潮闻。遥想禅林下，炉香带月焚。"

这首写于秋分时节的诗，大致写的是诗人在长江北岸送友人渡江南归，返回坐落于现今南京、镇江一带的金山寺。诗文呈现给我们的画面是夕阳西下，万道金光给紫金山镀上一层梦幻般的色彩，即将走向生命终点的秋蝉鸣声更加急促；远远望去，金山寺横卧在江中沙洲若隐若现，归舟上的友人穿过水雾渐行渐远；隔着江水，庙宇中阵阵悠扬的钟磬声隐约可闻；可以想见，白日依岸尽之后，寺院中缭绕的香火，将会伴着中秋皓月的银辉升腾、弥散。

按照历法，秋分日确实是在中秋节前后，所以无论节气还是节日，均意味着秋季已经过半。

"秋"和"分"这两个字，分别在"立秋"和"春分"两个节气中都已经讲过。"中"这个字甲骨文写作 等，字形是旗杆中间有一个指示性的圆圈符号，意思就是中央、中心、中间等；"半"这个字金文写作 等，由"八"和"牛"构成，

"八"表示把物体分成两半,再加上"牛",意思就是把牛分解成相等的两半,所以"半"最初意思就是一半、二分之一等。

由此可见,"中"和"半"这两个字刚好符合"秋分"和"中秋"的含义。此外,我们常常说的"仲秋",其实也意味着秋季的中间一段。当我们把一个季节划成三等份的时候,依照时间序列,我们一般会把三段时间分别称为"孟、仲、季",例如"孟春、仲夏、季秋"等等,每段时间均包含两个节气。

"孟"这个字由"子"和"皿"构成,意味着给初生婴儿洗浴,它最初指的是家庭或家族中的长子。而长子一般都是最先出世,所以含有时间处于最前边的意思,因此,"孟春、孟夏、孟秋、孟冬"即意味着它们各自都是不同季节中最前面的一段时光,大约相当于第一个月。例如唐代诗人陈子昂《还至张掖古城闻东军告捷赠韦五虚己》:"孟秋首归路,仲月旅边亭。"

"仲"这个字相对比较简单,其中的"中"就表示中间,而且这个字里面的单人旁是后来增加的,它最初意思是排行第二。因此,以"仲"称说的季节,就表示每个季节的第二段时间,大致也就是第二个月。例如唐代诗人王维《赠祖三咏(济州官舍作)》:"仲秋虽未归,暮秋以为期。"

"季"这个字甲骨文写作 等,由"禾"和"子"构成,意思指幼小的禾苗;后来就表示兄弟中排行最小的,也就是出生时间处于最后、最末尾的;再往后,则表示时间处于最后的。

因此,"季秋、季春"等就表示一个季节的最后一段时光。例如杜甫《九日曲江》:"缀席茱萸好,浮舟菡萏衰。季秋时欲半,九日意兼悲。"这是诗圣写于重阳节的作品,此时,秋季的最后一个月即将过半,而且写作这首诗的时候,诗人年过四十,所以"过半"一说也隐含着自己的人生旅程也将过半之意,由此才引出"九日意兼悲"一句。

的确,人生如白驹过隙,达观者想的是只争朝夕,活出人生精彩;悲观者回首往昔,慨叹时光如梭,来日已无多。当然,更有甚者,愚昧到只是沉迷于所谓的长生不老之道。

不过,我辈凡人,希望长寿乃人之常情,只是不一定都会去追求长生不老。南宋有一位写过《沁园春·读〈史记〉有感》的安徽文人程珌(bì),曾于秋分时写过一首《寿皇子》,其中有:"磊魁晶荧,岁有常期。秋分维何,天高气清。玉蟾吐辉,银汉无声。澄霄一色,万里云平。此时候之,出丙入丁。所出之国,政化和平。人生其时,既寿且宁。"

在词人笔下是一派天高气爽。入夜之后,一轮满月银光闪烁,洒向人间一如水银泻地,群星璀璨的银河则静静地横挂九霄。天地一色,万里无云,此时正是仰观"老人星"的绝佳时间,而每当"老人星"现身于夜空,能够观察到这种天象的地区,就会物阜民安;更加令人高兴的是,如果有谁恰巧在这个时候幸运地降临人世,他的一生将会幸福、安宁、健康、长寿。

"老人星"又称"寿星",按照传统观念,它具有长寿的寓意,所以自然意味着吉祥。而"出丙入丁",意思就是"老人星"出现。例如清代蒋义彬《千金裘》:"老人星现矣,(臧)丙以寿星出丙入丁。"

实际上,秋分的时候不仅仅是"老人星"出现在天上的吉时,而且一轮皎洁的满月也常常会在这一天像白玉盘一样高高挂在清朗的夜空。因此,我国从西周甚至更早的时候便形成了秋分祭月的传统。例如《礼记》:"天子春朝日,秋夕月,朝日以朝,夕月以夕。"其中"夕月"指的就是祭拜月神。

后来,作为节气的秋分,由于本身在不同年份往往并不能百分之百地确定是在八月的同一天,也即意味着秋分的时候不一定正好碰上一年之中满月之最的八月十五。而在月亮最圆的时候祭拜月亮,无疑是祭月的最佳选择,所以祭月仪式便从秋分挪到了八月十五中秋节那天。

当然,秋分与中秋节重合的情况也并不鲜见,因此,历代文人吟诵中秋或秋分的诗文中,常常节令与节气统一。例如宋代诗人杨公远以中秋为题的《癸未中秋》:"凉入郊墟暑渐微,奈何节序暗推移。景逢三五秋分夜,光异寻常月满时。按舞霓裳仙绰约,长春灵药兔迷离。广寒宫桂花空发,近世无人折一枝。"

这首诗的主题是中秋,主角就是天上的一轮皓月,与其他月份月盈景象迥然不同的中秋满月,正辉映夜空、流光溢彩。

令人神往的月宫里一派祥和、一派安宁,伴着音乐翩翩起舞的仙女们风姿绰约,捣药不止的玉兔则影影绰绰。圣洁高冷的广寒宫里,月桂常开,但是人世间却无人有幸摘得一枝。

在这首诗中,现实与想象完美地交织在一起,让人不知不觉之间置身其中,真的会"不知今夕是何年"。

另一首同样创作于宋代,但著者不详的《大观秋分夕月四首》之一,写的也是秋分与中秋节重合那天的月亮。诗的全文是:"玉钩初弯,冰盘乍圆。扇掩秋后,乌飞枝边。精凝蟾蜍,辉光婵娟。歆于明祀,弭芳节焉。"

这首诗实际上是一种承袭汉乐府的祭神歌辞,在此用于祭祀月神。诗文的最后两句点明"祭月"的主题,"明祀"指的是重大的祭祀,例如西晋著名文学家、书法家陆机《答张士然》:"驾言巡明祀,致敬在祈年。"此外,由于祭月仪式也称"夜明",如《礼记》:"夜明,祭月也。"而且东汉以及南北朝至唐代两位经学大师郑玄和孔颖达都认为"夜明"指的是祭月坛,所以,这首诗里面的"明祀"也可以理解为祭祀月神。因此,诗文的最后两句大致是说祭拜月神内心欣喜,唯愿这样美好的节日永驻、人世永远安宁。

诗文的前面六句,基本说的是秋季凉爽,扇子已经可以束之高阁,乌鹊则在枝头盘桓;月亮一天天地由一弯新月渐渐变成十五的满月,精华凝聚、银光璀璨。

寒露

寒露到来，带给人的显然首先就是气温变低、感觉寒凉。

寒 露

秋分之后,太阳直射的区域逐渐移向南半球,这时我国开始进入昼短夜长时段。由于太阳照射的时间变短,所以,气温自然持续走低,而且一天之中低温的时间也会相对变长。因此,自白露开始出现的露水,渐渐由柔和、晶莹而变得冷峻、寒凉,它们仿佛浑身凝结并散发着袭人的寒气。

正像这种描述所表达的那样,季秋时节的第一个节气——"寒露"来到了。

唐朝诗人、据说由于家境贫寒而无法参加科举考试的苏州人戴察,流传于后世的诗仅有《全唐诗》所录一首,题为《月夜梧桐叶上见(xiàn)寒露》,诗的全文是:"萧疏桐叶上,月白露初团。滴沥清光满,荧煌素彩寒。风摇愁玉坠,枝动惜珠干。气冷疑秋晚,声微觉夜阑。凝空流欲遍,润物净宜看。莫厌窥临倦,将晞聚更难。"

从整首诗看,诗人心中似乎隐隐有一种"喜露、惜露"的情绪。诗中写到正值梧桐飘零的月夜，树叶上凝结了许多露水，颗颗露珠纯净、剔透，渗出丝丝寒凉。这份珠玉一般的美，让人真的不忍心目睹秋风扫落或者吹散它们。天气转凉，使人意识到人世已是深秋；万籁俱寂，也让人感受到长夜正浓且将尽。浮游于空气中的水汽，凝聚并且滋润万物。人们不应当仅仅满足于看到露水的短暂机缘，更不应该对此心生倦怠，因为每当黎明来临，在阳光的普照之下，滴滴露珠将会逝而难返。

戴察吟咏"寒"露的诗，碰巧像是映衬了他贫"寒"的生活。的确，据传他还曾经由于交不起赋税而向当时的苏州刺史、世家子弟韦应物上书投诉。当然，投诉的结果就不得而知了。

不过，作为诗人的韦应物恰巧也创作过与寒露有关的诗作。韦氏的诗是《授衣还田里》："公门悬甲令，浣濯遂其私。晨起怀怆恨，野田寒露时。气收天地广，风凄草木衰。山明始重叠，川浅更透迤。烟火生闾里，禾黍积东菑（zī）。终然可乐业，时节一来斯。"

韦应物的诗主要是借我国古代晚秋时节的"授衣"习俗，描写寒露节气的某些景象。诗的一开头便以官员口吻写到官府衙门已经张贴告示，明确老百姓可以浣洗各类织物、预备越冬的衣服了。

有关"授衣"风俗，《诗经》里面就有"九月授衣"之说。而关于这种风俗的具体所指，大致有两种意见：一种意见以明代官员文人马瑞辰为代表，他在《毛诗传笺通释》中说："盖九月妇功成，丝麻之事已毕，始可为衣。非谓九月冬衣已成，遂以授人也。"另一种意见的代表人物是南北朝至隋唐年间的鸿儒孔颖达，由他主持编纂的《五经正义》中有"可授冬衣者，谓衣成而授之"。

简单提过"授衣"传统之后，韦氏笔锋一转，立刻接上寒露前后的自然景象和自己内心的感受与情绪。

先说韦氏眼中的自然景色。暮秋时节，秋收之后的田野几乎没有了庄稼。云气收敛，视野中大地更加辽阔；凉风渐起，花草树木也是一片零落。山色空明，峰峦重重，流水清浅，蜿蜒逶迤。闾巷升起阵阵炊烟，新开垦的田地里则堆满了收获籽实之后的庄稼茎秆。

面对这种朴素的乡村、农家景象，诗人也颇受感染，所以他说时序轮转，终当安居乐业。然而，这种情绪与他在诗文开始时所写的"晨起怀怆恨"似乎形成了鲜明对照。其实，所谓的"怆恨"一说，一来可能是乍感天气寒凉，因而心情也不由得苍凉起来；二来也可能是历代文人惜物情怀的一种体现，因为《礼记·祭义》中就有："霜露既降，君子履之，必有凄怆之心，非其寒之谓也。"这句话的基本意思是对于自然界的霜和露，君子也都不忍心踩踏。这倒不全是迂腐或者酸腐的表现，而是君子对于草芥浮尘亦尊重、爱惜的一种情怀。

当然，不论人的感受如何，自然节序的轮转还是会遵循自身的轨迹与节奏。寒露到来，带给人的显然首先就是气温变低、感觉寒凉。

"寒"这个字金文写作䆁，字形最上边的"宀"表示房屋；最下边的两短横是"冰"最早的字形"仌（仌）"的变形；包在"宀"里面的部分是四个表示屮（草）的符号和𠂉（人）以及人的下肢夊（夂）。所有部分合在一起，最初表示的就是当冰霜出现，人在房屋里用草填充周围的空间以保暖，这就间接表达了"寒冷"的意思。

由此可见，"寒露"节气本身就意味着寒气萌生，所以人们要注意着手保暖了，就像民间谚语所说："吃了寒露饭，单衣汉少见。"

天凉时设法御寒，这是一切生物的本能。而对于人来说，自然界的任何变化却会引起不同的心理反应。

唐代五言诗巨擘李峤就曾作《晚景怅然简二三子》："楚客秋悲动，梁台夕望赊。梧桐稍下叶，山桂欲开花。气引迎寒露，光收向晚霞。长歌白水曲，空对绿池华。"

诗中的"楚客"指的是客居他乡的游子，"梁台"指的则是南北朝时期南朝梁的禁城，"赊"在这里的意思是遥远。这两句诗的大致意思是思乡兼怀古，一方面表达晚秋季节，游子常常思念家乡；另一方面则表现夕阳西下之时，往往容易触动追思古昔、怀念故国等情绪。

诗文的其余部分基本都是寒露时节的景色：梧桐开始落叶，山桂即将开花；寒凉的空气携带露水而来，落日收敛光芒化作晚霞；长歌一曲，清流蜿蜒；临池观景，空余残荷。

看起来，晚秋的景色还是触动了诗人的心绪，满池荷花落尽，所以诗人不禁心下怅惘。

其实，秋风起时，漂泊异乡的游子，有哪一个不怀念家乡呢？

草书泰斗怀素的叔叔、唐代诗人钱起的《晚次宿预馆》，同样是表现思乡之情的作品。诗中写道："乡心不可问，秋气又相逢。飘泊方千里，离悲复几重。回云随去雁，寒露滴鸣蛩（qióng）。延颈遥天末，如闻故国钟。"

诗题中的"次"指的是在旅途中暂时停留住宿，很显然，诗的主题与内容呈现的必然是游子的际遇与情怀。全诗的首句直接点题，一个"又"字说明诗人离家日久，至少已经超过一年，所以才会身在异乡又逢秋天。如此遭际，难免让人思乡心切，而这种牵肠挂肚的思念却又令人不敢触碰，故而才有"乡心不可问"一说。

在说过离家外出的时间之后，诗人紧接着又说漂泊在外已逾千里，离家的伤感也已经如潮水般几度涌起。天上的浮云好像都会随大雁南归，相比之下，自己似乎连浮云的机遇都没有,只能伴着深秋蟋蟀的鸣叫,聆听着寒露的滴答声。那就努力伸长脖颈遥望天际吧,这样或许能听到从远方故土传来的隐隐钟声。

世上只要有游子,就会有送别。亲友分别,一腔的亲情、友情也常常令人动容。

唐代诗人韩翃(hóng)曾在送别友人时作《鲁中送鲁使君归郑州》,诗的全文是:"城中金络骑,出饯沈东阳。九月寒露白,六关秋草黄。齐讴听处妙,鲁酒把来香。醉后著鞭去,梅山道路长。"

诗人的这位友人当时肯定是官员,所以送行的阵仗与排场也确实非同一般,马的笼头都是用金线织成,摆在城外的饯行酒宴一直持续到日暮时分,酒席间还有齐地的歌舞助兴,朋友们则豪饮鲁地出产的美酒。美食、歌舞,尤其是友情,这一切都令人陶醉,可是俗话说"天下没有不散的筵席",席终人散时,已有醉意的友人还是要扬鞭策马而去。此去关山路遥,而且正值晚秋寒露浓重,路途上的峰峦、隘口也是一片秋草枯黄。所以诗人心中唯愿友人珍重再珍重!

诗中的"梅山"指的是《左传》《山海经》等文献中都有记载的、现在河南省郑州市南面的梅山,因为诗人的朋友"鲁使君"要从山东"归郑州",故此有"梅山道路长"这样的诗句。

秋季送别友人难免不舍,但如果换作友人来访,那肯定就是一桩让人高兴的美事了。

诗圣杜甫晚年时与两位比他年轻、而且似乎还是邻居的孟氏兄弟交情颇笃，这一点从他《孟仓曹步趾领新酒酱，二物满器，见遗老夫》《送孟十二仓曹赴东京选》《凭孟仓曹将书觅土娄旧庄》等诗文中，都能看得很清楚。

某年农历九月一日，也就是寒露前后，杜甫曾挪动着年老体弱之躯，前往这兄弟二人的居所探访。为此，诗人还作诗一首予以记录。

《九月一日过孟十二仓曹、十四主簿兄弟》："藜杖侵寒露，蓬门启曙烟。力稀经树歇，老困拨书眠。秋觉追随尽，来因孝友偏。清谈见滋味，尔辈可忘年。"

一进入诗文，我们眼前立刻出现了一位拄着藜杖的老者，他正在吃力地蹒跚前行，并且还不时扶着道旁的树木歇息片刻。这位老者便是自嘲看书的时候也常常不知不觉睡去的诗圣。诗圣的手杖上已经沾满了草木的露水，抬眼望去，他看到了孟氏兄弟所住茅屋在清晨时分飘出的炊烟。

是什么原因让老人家在秋日的一大早就专程去探访近邻呢？原来是孟氏兄弟一向孝顺父母、兄弟和睦，就像诗圣在《孟氏》中所写"孟氏好兄弟，养亲唯小园"那样。而在民间，晚秋九月的重阳节素来就有敬老与兄弟相亲等传统，例如唐代诗人王维的"遥知兄弟登高处，遍插茱萸少一人"。所以诗圣才说自己在秋天将尽的时候,也要向这兄弟二人学习。他还说自己与孟氏兄弟的交往清淡如水,却滋味绵长,并且还希望兄弟二人忘却他俩和自己之间的年龄差距,从而成为真正的忘年之交。

农历九月初九重阳节,的确是晚秋时节一个比较重要的节日。虽然有关节日的起源众说纷纭,但是它的悠久历史却是不争的事实,而且它本身也是通过不断发展、完善而最终成熟的。"九九重阳"之所以成为一个节日,其原因一定是多方面的,而其中有一个原因是它与"久久"谐音,寓意"长久",因此被人们认为比较吉利,例如曹丕《九日与钟繇(yóu)书》:"岁往月来,忽复九月九日。九为阳数,而日月并应,俗嘉其名,以为宜于长久,故以享宴高会。"唐代诗人沈佺期有一首《九日临渭亭侍宴应制得长字》,诗里就有"年年重九庆,日月奉天长"这样的诗句,句中的"长久"寓意也是显而易见的。

另外,"寒露"与重阳的时候虽然百花肃杀,但是却有灿若真金的菊花盛开,而且还有或红或粉或白的木芙蓉绽放。例如韩愈《木芙蓉》:"新开寒露丛,远比水间红。艳色宁相妒,嘉名偶自同……"还有柳宗元《巽(xùn)公院五咏·芙蓉亭》:"新亭俯朱槛,嘉木开芙蓉。清香晨风远,溽彩寒露浓。潇洒出人世,低昂多异容……"

这种寒露前后开放的花朵,与"水中仙子"荷花的别名恰巧相同，而且它的寓意也十分美好。首先，由于它开在深秋，所以也被称作"拒霜花"，喻其不畏霜欺露凌。其次，由于民间传颂的五代时期后蜀君主孟昶的妃子"花蕊夫人"坚贞不渝的爱情故事，所以它又被称为"爱情花"。

因此，当秋风萧瑟之时，世间其实依然有美好的事物，而所谓的伤春悲秋，不过是个人的心境所致罢了。

霜降

古人认为霜和露一类自然现象，也都是像雨一样自天而降，因此就产生了「霜降」这样的说法。

霜 降

寒露的萧索,并不掩盖晚秋的美好。这一方面是因为大自然尚有四季常青的树木,并且还有装点深秋的菊花与芙蓉;另一方面,积淀了数千年的中华文化,其中也不乏"东篱把酒""杖策出蓬荜,浩歌秋兴长""劝君休作悲秋赋,白发如星也任垂"[①]等等的恬淡与豪放。

不可否认,季节的变化难免会影响人的心境;但是同样不可否认的是,历史上一大批心态积极、乐观向上的人士,确实也为中华文明注入了相当多的正能量。就让我们看看真正的严寒考验即将到来的霜降时节,达观之人会有哪些令我们击节、叹服的言行吧。

大诗人陆游就曾在晚秋时节作《季秋已寒,节令颇正,喜而有赋》,全诗是:"霜降今年已薄霜,菊花开亦及重阳。

---

① "杖策"一句出自唐代诗人权德舆《浩歌》;"劝君"一句则出自唐代元稹的《酬乐天秋兴见赠……》。

四时气正无愆伏,比屋年丰有盖藏。风色萧萧生麦垄,车声碌碌满鱼塘。老夫亦与人同乐,醉倒何妨卧道傍。"

诗人首先写了霜降节气的时候,自然界已有薄霜出现;同时在重阳节前后,秋菊开得正艳。这些现象充分表明,四时循环畅顺,一切节令更迭有序,而且风调雨顺的结果是年景喜人、粮食满仓。阵阵秋风掠过已经下种的麦田,抽水的水车则在鱼塘边上不停地吟唱。此情此景,诗人自然融入了喜获丰收的人群,并且为了庆祝丰收,哪怕开怀畅饮、醉卧路旁又有何妨?

诗人喜迎秋收的情绪,浸透了诗文的每一个字、每一个词、每一句话,读来使人极受感染。而就算遇到霜降时节的寒凉天气,诗人也仍然表现出忽略这种寒冷的豁达。例如《霜降前四日颇寒》:"草木初黄落,风云屡阖开。儿童锄麦罢,邻里赛神回。鹰击喜霜近,鹳鸣知雨来。盛衰君勿叹,已有复燃灰。"

这首诗的标题即表明霜降前几日天气已然转凉,诗的一开头也是"无边落木萧萧下"的肃杀秋景,风云激荡,时阴时晴。然而,麦田除草的儿童仍然一如既往地荷锄雀跃归来,而朴素的乡邻,则是"岁熟乡邻乐,辰良祭赛多"。[①]参加完赛神仪式之后,也是三三两两尽兴而返。广袤的苍穹之上,鹰击长空,不畏寒霜,鹳鸣原野,预示秋雨。自然界的阴晴雨雪、风霜雷电、

---

① 引自陆游《赛神》。

花开花落、叶繁枝疏，原本就是新陈代谢等规律所致，因此，人们不必伤春悲秋，而是应当看到天地一片萧条时亦有生命的种子在萌动，而且这样的种子必将破土而出、萌芽开花，绽放出夺目的光华。

通达如此的陆游，的确给霜降这个寒凉的节气带来了一丝暖意。但是，就像诗人在诗中所说，到了这个时候，"霜"终归还是会来的。

"霜"这个字上面的"雨"表明字的意思涉及和雨相似的自然现象，下面的"相"表示字的读音与它接近。许慎《说文解字》对"霜"的解释是："丧也。成物者。"段玉裁《说文解字注》则进一步解释说："《豳风》：九月肃霜。传曰：肃、缩也。霜降而收缩万物。《秦风》：白露为霜。传曰：白露凝戾为霜，然后岁事成。"

许、段两位大师的解释，看似晦涩，似乎把简单问题复杂化了，但其实他们的解释充满了哲学思辨。

首先，我们可以先从表面复杂的解释中提取出"霜"等于"露水凝结"这样的结论，这就基本等同于我们已经了解的常识意义上的"霜"了。然后，根据"丧"和"成物"这两个重要概念，我们可以探知，先贤们认为"霜"具有两重性：它本身既能收缩、肃杀万物，其意义来源于"丧"所表示的"奔逃、消亡"等意思；同时由于它也能够给予万物水分而有滋润万物的作用，这就意味着它能够使事物成长、成熟并最终获得成果，这就是所谓的"成物"。另外，按照古代圣贤的解读，实际上"丧"本身就已经体现了对立与统一的辩证关系，例如《说文解字注》在解释它的时候就说过："事死如事生。事亡如事存。"

"降"这个字甲骨文写作 ᠁ 、᠁ 等，其中表示高大土山的"᠁""᠁"（阜）既可以出现在字的左边，也可以出现在字的右边；除了"阜"，其余部分是表示脚趾或脚的两个倒过来向下的"᠁""᠁"（止）。几个部分合在一起，"降"明显表示从高处走向低处的意思。

因为古人认为霜和露一类自然现象，也都是像雨一样自天而降，因此就产生了"霜降"这样的说法，后来又把它用作节气名称。

霜降前后正是柿子成熟的时候，而在我国一些地区，的确也有霜降吃柿子的习俗。据说，这种风俗来源于一个传说，故事的主角是明朝开国帝王朱元璋。根据传说，朱元璋曾在逃难时幸得一个小村庄的柿子活命，而且饱腹之后整个冬天都没有出现任何冻疮，因此，当他登上皇帝宝座，又一次路过那个村子的时候，便把身上的衣袍披挂在当年那棵柿子树上，并且封那株救命树为"凌霜侯"。后来，在这些地区就逐渐形成了霜降节气吃柿子御寒的传统。

地域不同，气候、风物等等自然有异，所以身处不同地区的文人,他们眼里的霜降景致也必然互有差别。

唐朝时与诗人王昌龄是同榜进士、天宝年间曾任盱眙尉的常建有一首《泊舟盱眙》:"泊舟淮水次,霜降夕流清。夜久潮侵岸,天寒月近城。平沙依雁宿,候馆听鸡鸣。乡国云霄外,谁堪羁旅情。"而曾在蜀地眉州为官的宋代诗人晁公溯则写过一首《巴江》:"巴江暮秋末,霜降千林空。山色不改碧,蓼花无数红。木叶感湘浦,莼羹忆江东。艰难志当壮,吾未怨途穷。"

两位诗人笔下的霜降景象,一个写的是明太祖朱元璋故里、以盛产小龙虾闻名时下的江苏省盱眙县;另一个则是素有"诗书城""进士之乡"美誉的四川省眉山市。

这两个地方均有山有水①,可谓钟灵毓秀之地。常建的诗主要写霜降的时候乘船航行在淮水之中,感受着一江清流、皓月古城,还有在江岸上栖息的大雁,以及古老的驿站和报晓的雄鸡。晁公溯的诗则是写晚秋时江岸与山丘上的景象:树林里虽然已经听不到鸟类的喧嚣,但是起伏的山峦依旧一片碧绿,而且万绿丛中尚有蓼蓝等红花的妆点。

据考证常建、晁公溯分别是陕西和山东人氏,所以在这两首写任职地的诗里,他们不约而同都流露出对家乡的思念。

---

① 根据三国时期蜀汉官员、史学家谯周所著《三巴记》,诗里的"巴江"应当指现在嘉陵江的支流。

相对而言，常建写的思乡情比较直白，故土在云霄之外，可望而不可即，任何游子都会饱尝思乡之苦。而晁公溯的诗由于用了典故，所以理解起来可能会稍有障碍。"木叶感湘浦"一句源自遭放逐的楚国诗人屈原的《九歌》："袅袅兮秋风，洞庭波兮木叶下。""莼羹忆江东"一句则借用西晋官员张翰由于怀念家乡味道而辞官的掌故。这两句明显都有思念家乡的情感流露。晁诗的最后两句，诗人还表达了绝不向坎坷命运低头的豪情，读来颇令人振奋。

写景抒情、借景抒情，这是中华诗文积淀数千年的传统。

两宋之交，词坛代表人物叶梦得的《水调歌头（九月望日，与客习射西园，余偶病不能射）》："霜降碧天静，秋事促西风。寒声隐地，初听中夜入梧桐。起瞰高城回望，寥落关河千里，一醉与君同。叠鼓闹清晓，飞骑引雕弓。"词中除了描写霜降时节的自然景象，重点在于后半段感叹由于病魔缠身而使报国之志落空。

唐朝官至宰相的诗人张九龄《秋晚登楼望南江入始兴郡路》："潦收沙衍出，霜降天宇晶……枥马苦踡跼，笼禽念遐征……物生贵得性，身累由近名。"宋代苏轼的弟弟苏辙《和子瞻记梦二首》之一："蟋蟀感秋气，夜吟抱菊根。霜降菊丛折，寸根安可存。……虫冻不绝口，菊死不绝芬。志士岂弃友，列女无两婚。"

这两首诗，前者由霜降写到名缰利锁，慨叹身处尘世，难免受声名所累。后者则是从霜降的秋虫、秋菊引出做人原则，用不抛弃朋友、不丧失本性来与其兄苏东坡共勉。

唐代大诗人白居易也有多首诗作与霜降有关，例如《早冬游王屋自灵都抵阳台上方望天坛偶吟成章寄温谷周尊师中书李相公》："霜降山水清，王屋十月时。石泉碧漾漾，岩树红离离……二人相顾言，彼此称男儿。若不为松乔，即须作皋夔。今果如其语，光彩双葳蕤。一人佩金印，一人黟玉芝。"还有《玩止水》："动者乐流水，静者乐止水。利物不如流，鉴形不如止。凄清早霜降，淅沥微风起……定将禅不别，明与诚相似。清能律贪夫，淡可交君子。岂唯空狎玩，亦取相伦拟。欲识静者心，心源只如此。"以及《读汉书》："禾黍与稂莠，雨来同日滋。桃李与荆棘，霜降同夜萎……小人与君子，用置各有宜。奈何西汉末，忠邪并信之。不然尽信忠，早绝邪臣窥。不然尽信邪，早使忠臣知。优游两不断，盛业日已衰。痛矣萧京辈，终令陷祸机。每读元成纪，愤愤令人悲。寄言为国者，不得学天时。寄言为臣者，可以鉴于斯。"

白居易的诗，亦是情景交融，言景为表，言情、言志才是实。

第一首诗，诗人借古代贤臣和良臣的标志性人物、虞舜时期主管刑狱事务的皋陶（yáo）和任职乐官的夔，寓意身为男儿，一定要有远大志向，有奋斗目标和榜样人物，努力实现自己的人生理想。

第二首诗,诗人以止水为镜,并以清水为喻,言说清廉可以抑制贪腐,纯净可以结交君子,而且奉劝世人心如止水,避免玩物丧志,远离追名逐利,尽力修炼、建设自己安定的内心世界。

第三首诗,诗人则是读史有感。诗人首先说谷物与杂草都会在雨露滋润下生长,果树与荆棘也都会在霜降来临时干枯。随后,笔锋一转,着墨于西汉末年的历史。当时,由于汉元帝的软弱和糊涂,致使忠良、奸佞不分,尤其当时还有教育元帝无方的萧望之和擅于搬弄是非的京房这些人,所以就像史学家班固在《汉书》中所记载的"(汉元帝)优游不断,孝宣之业衰焉"那样,自汉宣帝之后西汉王朝便逐渐走向衰微。正因为有感于此,所以诗人敬告统治者切勿左右摇摆,要么任用贤良,断绝奸佞小人的妄想;要么索性亲近奸邪,好让忠良之人早作打算。当然,诗人的真正意图是提倡以史为鉴,希望统治者不要良莠不辨,不能一味等待上天赐予,而要把"人和"摆在首位;同时,居人臣之位的人,也要读懂历史,有所作为。

霜降时节,万木萧疏,自然界当然不会对良材、庸材有所偏爱,所谓真金不怕火炼,真正能经受考验并最终卓然于世的,必然是那些历经千锤百炼却百折不挠的栋梁之材。

第四章 冬

天时人事日相催，
冬至阳生春又来。

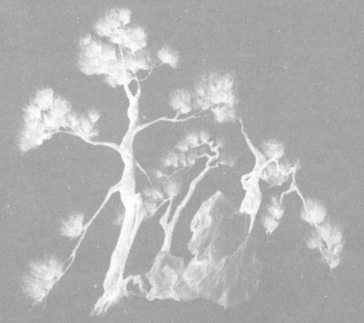

立冬

由于立冬意味着寒冷的季节开始了,所以民间除了各地有一些地域性的习俗之外,还有一种比较普遍的传统是"送寒衣"。

立冬

金色的秋天以"霜降"奏响了谢幕的尾声，同时也为寒冷的冬季奏出了大幕开启的序曲。随着寒霜乍现，以及北方部分地区雪花纷纷扬扬，大自然清楚地告诉人们，冬天真的要到了。

每到农历九月底十月初，一场接一场的秋雨洗涤着大地与万物；一阵又一阵的秋风吹刷着山川和草木。风雨之后，接踵而至的往往是一次又一次的气温下降。这个时候，我们都会意识到，日历上"立冬"两个字就要映入眼帘了。

一提到"冬天"，相信一定会瞬间激活不少人寒冷的记忆。西晋文学家、安徽人夏侯湛的诗作《寒苦谣》，仿佛就是专门为这种寒冷记忆做注脚的。诗中写道："惟立冬之初夜。天惨懔以降寒。霜皑皑以被庭。冰溚瀩（duì）于井干（gàn）。草槭（sè）槭以疏叶。木萧萧以零残。松阴叶于翠条。竹摧柯于绿竿。"

夏侯湛祖上几代均在三国时期曹魏政权以及西晋司马氏

政权中为官，他本人则在西晋时出任过野王县令，该县即现在的河南省沁阳市。因此，夏侯湛笔下立冬节气的景物无疑是我国中原一带自然风物的写照，只是像诗中所写的立冬日景象，如果参照现在的一般情况，恐怕多半是某个比较特殊年份的所见。

在这首诗里，立冬的第一夜恰遇较强寒流，所以庭院中出现了被寒霜覆盖的奇特景观，露天的井栏上也结满了晶莹的冰凌。草木枯黄、落叶飘零，常绿的松树上面有不少针叶坠落，一些翠竹的枝条则在寒风中折断。

"惨懔"在古代其他文献中也有写成"惨廪"或者"惨凛"的，意思都是寒冷。"凐澌"的基本意思是水冻结成冰。"槭槭"的意思是草木枯落、萧疏。

这么一副严寒肃杀的架势，俨然是冬天给人们的一个"下马威"。但是实际上，在立冬那天，不同地区、不同年份遇见这样严寒的天气也比较罕见。例如南宋时生活在江南地区的陆游，他有一首作品写的还是立冬之后赏菊和饮酒。这首作品是《今年立冬后菊方盛开小饮》，诗中写道："胡床移就菊花畦，饮具酸寒手自携。野实似丹仍似漆，村醪如蜜复如齑……一醉又驱黄犊出，冬晴正要饱耕犁。"

诗中的"胡床"指一类便携式坐具，类似马扎，或者还有靠背，也称"交床""交椅""绳床"等，例如清代云贵总督甘文焜曾孙、喜游名山大川的文人甘运源《听弹琵琶偶成一绝》："酒怀依约想当年，倦倚交床听四弦。"

据一些人考证，这种坐具是北魏时经由西北游牧民族传入中原的，后来在一些文献中也简称"床"，例如李白的名句："郎骑竹马来，绕床弄青梅。"

陆游能够带着坐具、酒器等到户外的菊花园赏菊和饮酒，可见当时的天气并不太凉。树上的野果红中带黑，农家自制的米酒甜中尚有一丝辛辣。酒至微醺，牵牛下田，赶上冬日晴好，正适合耕田。

看起来，对于这种恬淡、宁静的乡村生活氛围，诗人是自得其乐的。他的另一首五言诗《立冬日作》："室小财容膝，墙低仅及肩。方过授衣月，又遇始裘天。寸积篝炉炭，铢称布被绵。平生师陋巷，随处一欣然。"诗中同样充满了闲适气息。

数尺斗室，屋矮物少，"授衣"的九月刚过，就到了要穿棉衣的季节。屋子里只储存了些许取暖的木炭，御寒的棉衣也十分轻薄①。然而，诗人平生追求家居简朴，因此，这样的生活令他适意。

实际上，从陆游的生平看，他出身名门，也曾入仕途，所以一生绝不会如此贫寒。只是他不巧身处两宋之交的乱世，

---

① 这里指物体分量轻、厚度薄，例如宋代梅尧臣《答宋学士次道寄澄心堂纸百幅》中的"而今制作已轻薄"。

而且本身经历坎坷,尤其是晚年时确实回到家乡、当时的山阴县[①]生活。据说当年另一位大文豪辛弃疾去山阴县探访陆游时,也确曾目睹诗人晚年的窘迫生活,因此还曾提议帮他整修一下简陋的住所,但是却被诗人婉谢。

陆游算得上是高寿,离世时享年85岁。据记载,他去世那天是农历腊月二十九,几乎就是一年终了的除夕了。这种巧合其实还诠释了"冬"和"终"这两个字之间的联系。

"冬"这个字甲骨文写作 ,字形描摹的是线绳一类物品的两端打了结,意思就是末端、端点、终点等。这种意思其实正是后来出现的"终"这个字的意思,因为"终"左边的绞丝旁更清楚地表示了丝线的意思。正是由于"冬"最初具有"终点"的含义,而四季之中,冬季是最后一个季节,所以"冬"后来就被用来表示一年终了的冬季了。

"冬季"意味着寒冷,所以到了小篆,"冬"就演变成了 这样的字形,除了上边依然沿袭着丝线打结的形式,字的下边又增加了表示"冰"这种现象、由金文演化到小篆的字形,即由 到 。整个字更加清楚地告诉人们冬季的主要特征就是寒冷。

因此,"立冬"这个节气就意味着时序轮转到了一年之中

[①] 现属浙江省绍兴县。

的最后一个、也是最寒冷的一个季节。

由于立冬意味着寒冷的季节开始了,所以民间除了各地有一些地域性的习俗之外,还有一种比较普遍的传统是"送寒衣"。

农历十月初一民间称作"寒衣节",主要活动是焚烧纸衣、纸钱等祭奠故去的亲人,寓意为亲人送去衣物保暖。实际上,类似的形式在西周时已经萌芽,例如《吕氏春秋·孟冬》:"立冬之日,天子亲率三公九卿大夫以迎冬于北郊。还,乃赏死事,恤孤寡。"东汉高诱的《吕氏春秋注》则在注释中说:"先人有死王事以安边社稷者,赏其子孙;有孤寡者,矜恤之。"两段话明确了在立冬之日君主赏赐为国死难人士的家属以及慰问孤寡的传统。

1937年,寒风乍起的时候,在福建省霞浦县城关民间曾自发举行过轰轰烈烈的募寒衣活动,成千上万的民众在寒风中高唱《流亡三部曲》,为抗日勇士募集过冬的棉衣。那悲壮、激昂又充满必胜信念的感人一幕,至今仍鼓舞着中华儿女保家卫国的意志。

立冬时节置备冬衣,这是平安越冬的必要事务。但是自古就有生活拮据人士处于无法置办冬衣的窘境,例如宋元之际著名诗论家、"江西诗派"领军人物方回《九月二十六日雪予未之见北人云大都是时亦无此寒》:"立冬犹十日,衣亦未装绵。

半夜风翻屋,侵晨雪满船。非时良可怪,吾老最堪怜。通袖藏酸指,凭栏耸冻肩。枯肠忽萧索,残菊尚鲜妍。贫苦无衾者,应多疾病缠。"

这首诗写的是立冬已经十天了,但是诗人尚未准备棉衣。更加愁人的是半夜寒风骤起,吹透屋舍,清晨起来,大雪已经掩没小船。对于这种情形,并不能怨天时,而是像我这种孤寡老者才最堪怜。在寒冷之中,我们的手不敢伸出衣袖,还常常被冻得直耸肩膀。虽然外面尚有残菊,可是写文吟诗的才思早已枯竭。贫寒而没有逾冬衣物的人,应该是最可能遭遇疾病缠身的。

非常凑巧的是,与方回同时代的文学家仇远,也有《立冬即事二首》之一:"凄风浩荡散茶烟,小雨霏微湿座毡。肯信今年寒信早,老夫布褐未装绵。"这同样是立冬时节无法预备棉衣的悲叹。

实际上,从两位文人所处时代来看,他们生于宋、元交战之时,社会动荡,生活很不安定,可见和平环境对民众有多么重要的作用。

北宋诗人唐庚,生活环境相对安定,他和苏轼是小同乡,而且也曾遭遇像苏轼一样被贬惠州的经历。他的《立冬后作》却明显没有苦寒的味道,全诗是:"啖(dàn)蔗入佳境,冬来幽兴长。瘴乡得好语,昨夜有飞霜。篱下重阳在,醅(pēi)

中小至香。西邻蕉向熟，时致一梳黄。"

诗中又是甘蔗、又是香蕉，而且还有表示南方的"瘴乡"，很显然这首诗应当是诗人被贬惠州时所作。和苏轼虽然被贬惠州，尚有雅兴大吃特吃荔枝并且吃到乐不思蜀的地步一样，唐庚亦有啃甘蔗、赏菊花、看人家的香蕉树，并期待冬至前后能够品尝佳酿的闲趣。诗中的"醅"指的是未经过滤的原浆酒，"小至"指的则是"冬至"的前一日或后一日。

当然，根据记载，唐庚与苏轼相比，也有一个很明显的差异，那就是苏东坡以填词吟诗为乐，可是唐庚提起创作一事却是满脸愁苦。钱锺书先生在《宋诗选注》中介绍唐庚的时候，就提到此公曾经表达过：诗最难事也！吾……作诗甚苦，悲吟累日，然后成篇……明日取读，瑕疵百出，辄复悲吟累日，返①复改正……复数日取出读之，病复出，凡如此数四。

生性豪放的诗仙李白，饮酒作诗都是兴之所至，喝或者不喝，写或者不写，似乎完全看心情。他在《立冬》这首诗中就写道："冻笔新诗懒写，寒炉美酒时温。醉看墨花月白，恍疑雪满前村。"由于立冬的时候天寒，诗仙大人慵懒，所以借口蘸了墨的笔容易冻结，故而懒得作诗。既然搁笔不用，那就温些酒打发时日吧。喝到醉眼蒙眬，连纸上的墨迹都看成

---

① 按照现在习惯与规则，当为"反"。

白的了，恍惚中还以为是皑皑白雪。随性至此，真当得起超凡脱俗的诗仙名号。

诗仙是嗜酒成性，但是也有不少文人却是以茶为伴。明代文人朱芾的《为志学聘君题惠麓秋晴图（甲寅立冬日）》，写的就是立冬日有关品茗的乐趣。诗里写道："第二泉头坐晚晴，满林松籁杂谿声。涤烦老去卢鸿一，谢俗归来卫叔卿。未必《茶经》随火化，拟寻茅屋待春耕。卧游画里违清赏，裹茗它年石上烹。"

这首诗是诗人在立冬那天为画家朋友的画作"惠麓秋晴图"所题，所以诗里提到的情景似乎是画境与现实的交叠。诗中除了无锡惠山脚下的"天下第二泉"以及周边的松树林，还提到了汉武帝时的仙人卫淑卿和唐代诗画家、隐士卢鸿一，又提到唐代有"茶仙、茶神、茶圣"美誉的陆羽所编著的《茶经》。此外，诗中的"茅屋""春耕""裹茗""石上烹"等，也非常清晰地向人们呈现出诗人理想中的宁静生活，令人神往。

由此可见，立冬时节虽然寒冷将至，但是许多文人眼中的世界依然缤纷多彩，两宋时期几位文人钱时、朱翌、沈说等就分别于立冬前后写过赏菊诗，例如"园林尽扫西风去，惟有黄花不负秋"；"黄菊一何好，持觞惟尔从。名应称晚秀，色岂为人容"；"闲绕篱头看菊花，深黄浅紫自窠窠。清于檐卜香尤耐，韵比猗兰色更多。"

诗句中的"寀寀"表示花团锦簇的样子；"檐卜"指的是产自西域的一种清香四溢的植物；"猗兰"的意思则是茂盛美丽的兰花。

秋末冬初，其实世间不仅尚有秋菊可观，其他植物亦是构成秋天"层林尽染"这道多彩风景线的"颜料"，例如元代陆文圭的《立冬》："黄花独带露，红叶已随风。"还有明代王稚登的《立冬》："秋风吹尽旧庭柯，黄叶丹枫客里过。"宋代诗人紫金霜的《立冬》则有："黄杨倔强尤一色，白桦优柔以半疏。"而冯伯规的《岁晚倚栏》又是："细倾碧潋滟，喜对白芙蓉。"

万千色彩，只为妆点严寒到来之际的那份美丽。

小雪

由于寒气日盛,于是就会出现降雪现象,只是因为气温还不算太低,所以雪也不会很大。

小雪

秋天是大自然色彩最丰富也最绚烂的季节,这种五颜六色、层次分明的状态一般会延续到初冬。然而立冬之后,随着雪花纷扬、覆盖万物,天地之间便会一片苍茫,万物也会银装素裹。这个时候,冬天的第二个节气——"小雪"就要盛装登场了。

《月令七十二候集解》中说:"十月中,雨下而为寒气所薄,故凝而为雪。小者未盛之辞。"《二如亭群芳谱》则说:"小雪气寒而将雪矣,地寒未甚而雪未大也。"

两部文献中都说由于寒气日盛,于是就会出现降雪现象,只是因为气温还不算太低,所以雪也不会很大。

唐代诗人张登有一首《小雪日戏题绝句》:"甲子徒推小雪天,刺梧犹绿槿花然。融和长养无时歇,却是炎洲雨露偏。"从诗中看,或许那年遇上了暖冬,所以诗人也说时序有些徒劳无功地在运转,虽然已经到了小雪节气,可是落叶乔木刺桐仍然保持绿意,原本秋冬之际凋谢的木槿花也还在花期。这些植物在温润和暖的环境中一直在生长,看来这是南方广大地区气候风物的特点。

实际上根据有限的史料,张登是南阳人,也就是现今河南省南阳市一带,而他后来进入仕途,曾出任过"延平尉"和"漳州刺史",这两个任职地现在都属于福建省。因此,张登的诗反映了他源自出生地的季节感受与观念,因为北方到了小雪节气一般都是万物萧条,所以当他看到为官地区的满眼绿意,才会感叹"甲子徒推小雪天";同时这首诗也反映了我国的幅员辽阔和南北方气候的差异,所以小雪节气的时候南方才既有绿树,又有鲜花,这种现象使得诗人形成了南方独得温和雨露的假想。

唐代诗人戴叔伦写过一首《小雪》,诗里写的就是降雪,至于是否写于小雪节气就不得而知了。诗里写道:"花雪随风不厌看,更多还肯失林峦。愁人正在书窗下,一片飞来一片寒。"

这完全是一幅下雪的美景。雪花如絮随风轻舞,飘飘荡荡飞入山林,转瞬之间消失无踪。心有愁思的人手捧书卷倚窗而望,片片雪花洒落窗前,仿佛带来丝丝凉意。

雪,就是这么充满诗意的尤物,通体晶莹,仪态妙曼,就连它的古文字形仿佛也能勾起人美妙的遐思。

"雪"在甲骨文里写作 等,上边是"雨"的甲骨文字形𩂹，下边是"彗"的甲骨文字形𢑚，只是"彗"发展到了小篆又在下边增加了手形符号，变成了𢇙。所以"雪"最初完整的字形应当是"䨮"，上边的"雨"表示雪和雨属于同一类自然现象，下边的"彗"表示"雪"在古代的读音与"彗"接近。

《说文解字》对雪的解释是："凝雨，说物者。"而《说文解字注》则说："冰各本作凝。今正。凝者、冰之俗也。释名曰。雪、绥也。水下遇寒气而凝。绥绥然下也。故许谓之冰雨。说今之悦字。物无不喜雪者。说与雪叠韵。"

按照许慎与段玉裁的解释，无论是"凝"还是"冰"，反正雪都是雨凝结、冻结的产物。而且由于"说"在古代与"悦"相通，所以"说物"的意思就是令事物喜悦，而且"悦"与"雪"的韵母还相同。

再看东汉刘熙《释名》对"雪"的解释："绥也。水下遇寒气而凝。绥绥然下也。"他除了认为"雪"是水汽遇冷凝结的产物，而之所以用"绥"解读"雪"，是因为在他的意念中，雪花飘飘，完全是一种舒缓飘落的姿态，就像宋代梅尧臣《五月十日雨中饮》中的诗句"梅天下梅雨，绥绥如乱丝"所描写的那样，细雨霏霏与雪花飘飘，都是类似"吹面不寒杨柳风"[①]的美景。

[①] 引自南宋诗僧志南的《绝句》。

南宋大诗人陆游写过多首以《初寒》为题的诗，其中一首是："久雨重阳后，清寒小雪前。拾薪椎髻仆，卖菜掘头船。薄米全家粥，空床故物毡。身犹付一酳，名字更须传？"

诗中的"酳"在古代既可以表示歃血联盟，也可以表示喝水、喝茶、饮酒等，在这里指的是饮酒。例如北宋思想家、文学家、江西人李觏（gòu）《和苏著作麻姑十咏·流杯池》："横持北斗柄，量尽酒星醅（pēi）。箕踞接下流，一酳空千罍（léi）。"诗题中的"麻姑"指的是现属江西省抚州市的麻姑山。诗人的这几句诗豪情万丈，写的是手持天上的北斗当酌酒勺，以一种豪放的坐姿盛接酒曲星君酿制、倾注的美酒，千杯买一醉。

在陆游的诗里，"一酳"同样表达出一种通达的豪气，诗的最后两句表现了诗人以酒为友、轻视浮名的态度。诗的其余部分大致写的是重阳节后一直多雨，到了"小雪"时天气已经寒冷，扎着发髻的童仆在捡拾取暖的柴薪，种菜的农人则划着简陋的小船贩卖青菜。诗人自己的生活也相当贫寒，全家人只能以粥饱腹，床铺上也只有家传的一块薄薄的旧毡子。

小雪天寒，所以人们的户外活动自然相对减少，蜗居一隅，煮茶、饮酒，这也是一些不得已的举措。五代至北宋初年文学家、书法家徐铉的《和萧郎中小雪日作》，就写了小雪节气时待在屋中煮茶的事。诗里写道："征西府里日西斜，独试新炉自煮茶。篱菊尽来低覆水,塞鸿飞去远连霞。寂寥小雪闲中过,斑驳轻霜鬓上加。算得流年无奈处,莫将诗句祝苍华。"

徐铉原本是五代时李煜治下的南唐官员,后随李煜降宋,又在北宋为官,后来由于他人诬陷,被贬"静难行军司马"。"静难"即"静难军",是唐、宋两朝驻扎陕甘一带的军队,治所在陕西邠州,大致相当于现在陕西省彬县、长武、旬邑、永寿等地。徐铉诗里的"征西府"指的应当就是他在这里的官府。

徐铉被贬,颇有赋闲之感,因此,小雪那天的傍晚,他便窝在屋里煮茶试新的炉具。当时,菊花已然落尽并且付诸流水,塞外的鸿雁也列队南迁,飞往遥远的天际。闲来无事的徐铉,心中寂寞,不由感慨流水年华、鬓染轻霜,而且他似乎还希望趁着尚未老迈多作些诗文,不要等到头发稀疏、花白的晚年。诗句中的"祝"在古代有"断"的意思,"苍华"则是头发花白。"祝发"意味着剪发,也意味着削发遁入空门,例如宋代诗人杨万里打趣朋友的诗句"寄语可师休祝发,癞边犹有去年痕。"所以在徐铉的诗里,"祝苍华"的大致意思应当就是白发稀疏。

"祝发"既然有僧、尼的含义,那么不妨来看一首唐代诗僧、法号"无可"写的《小雪》。全诗是:

片片互玲珑,飞扬玉漏终。乍微全满地,渐密更无风。
集物圆方别,连云远近同。作膏凝瘠土,呈瑞下深宫。
气射重衣透,花窥小隙通。飘秦增旧岭,发汉揽长空。

迥冒巢松鹤，孤鸣穴岛虫。过三知腊尽，盈尺贺年丰。

委积休闻竹，稀疏渐见鸿。盖沙资澶（chán）漫，洒海助冲融。

草木潜加润，山河更益雄。因知天地力，覆育有全功。

"无可"俗姓贾，是唐代诗人贾岛的本家弟弟，少年时即出家为僧。他的《小雪》诗，是描写降雪与雪花形态非常细致、细腻的一首作品。

诗的一开头就写雪花玲珑，片片如飞花；纷纷扬扬下了一整夜，直到计时的漏壶滴尽。雪下得不大的时候，刚刚盖满地面；等到雪花渐密，仿佛就密而无风了。积雪覆盖万物，便随物体形状现出方圆；大地也一片银白，一直连接到远方的云端。这瑞雪就是滋养土壤的肥料，是天宫降下的吉祥。当然，下雪带来的寒气也会打透厚重的冬装，还会穿透户牖的缝隙。飘然而下的雪花，积存增厚了中原的山岭；它们在空中飞舞，又成为连接天地的使者。漫无边际的积雪也给松鹤披上了衣装；天寒地冻，只有零星的小虫偶尔鸣叫。度过三九天之后，方知腊月将尽；积雪盈尺，预示来年必有好收成。雪厚风停，竹林一片寂静无声；待到降雪变小以至冰雪消融，原野山林又会现出茫茫苍苍。沙土幸有积雪的滋润，大海则有赖雪水推波助澜；草木默默吸收着瑞雪的润泽，万里河山也在雪中愈发地雄浑。风霜雨雪，天地神功，漫山遍野银装素裹，它们字育万物，居功至伟。

　　瑞雪兆丰年，这是大自然的规律，也是积淀数千年的民众智慧。唐代文学家陆龟蒙的《小雪后书事》，就因为他同时也是著名的农学家，所以诗中除了景观描写，还有对农事的关注与关心。诗文写道："时候频过小雪天，江南寒色未曾偏。枫汀尚忆逢人别，麦陇唯应欠雉眠。更拟结茅临水次，偶因行药到村前。邻翁意绪相安慰，多说明年是稔年。"

　　陆龟蒙的诗首先写小雪节气之后，降雪果然如约而至并且时断时续，因此，江南一带一直处于寒凉天气。诗人的记忆还停留在丹枫一片的江州，那时正与友人相见又分别。而此时的麦垄上却已经见不到一只觅食、栖息的锦鸡。诗人的意识中时时冒出在水边搭建茅草屋居住的念头，服药之后也会偶尔散步走到村口。如果遇见邻居老人家，相互之间除了嘘寒问暖，还会说这雪下得好，明年一定会是好年景。

　　诗里面的"麦陇唯应欠雉眠"一句，清楚地表明这是立冬节气之后的景致。因为按照我国古代历法，每个节气又可以细分为"三候"，而且每一候都有一种非常明显而又独特的特征，而"立冬"的第三候正是"雉入大水为蜃"，其中"雉"指的是野鸡一类禽鸟，"蜃"指的则是大蛤。在一般情况下，立冬之后，野鸡一类禽鸟便不多见了，而海边却可以看到外壳的线条以及颜色与野鸡十分相似的大蛤，所以古人认为"雉到了立冬之后就蜕变成水生动物"蜃"了，故而有"雉入大水为蜃"一说。陆龟蒙的诗句恰好蕴含并印证了这种传统观念。

我国传统历法之所以如此细致，其中一个重要原因就是民众希望每年的四季运转与气候特征都能够按部就班，而不要出现反常情况。例如唐代福建文人林滋的《小雪赋》，开篇就是："伟兹雪之霏霏，应元冥而不失其期。赋象于虹藏之日，成形于冰冻之时。委地则微，庶表三冬之候；翻空虽小，那无六出之姿。"

这段话里的"元冥"即"玄冥"，乃是古人认为的冬季之神；"虹藏"的意思是彩虹潜伏隐匿，而且这种现象也正是"小雪"节气第一候的重要特征。

唐代诗人徐敞曾经写过一首《虹藏不见（xiàn）》，里面写道："迎冬小雪至，应节晚虹藏。"诗句的基本意思是"虹藏"这种现象是"小雪"节气的主要物候特征。而在"虹藏"之后，"小雪"第二候、第三候的主要特征分别是"天气上升，地气下降"和"闭塞而成冬"。后面这两候的大致意思是"阳气"升上天空，"阴气"沉入地下，阴阳不相交，故此形成闭塞局面而进入冬季。这其实也正是冬季我国大部分地区许多事物处于冬眠、或者不活跃状态的写照。如果按照以《周易》为代表的易学的说法，这种情况恰恰是表示不通、不好的"否（pǐ）"卦的卦象，所以成语"否极泰来"就表示事物或局势等由消极向积极转化。

实际上，自然界虽然处于所谓阴阳不相交的冬季，可是，那漫天飞舞的雪花不就是沟通天地的使者和精灵吗？

林滋的《小雪赋》，完全可以看作是专门为这个精灵而谱写的咏叹调。在这篇赋里，林滋首先称颂如《诗经·小雅·采薇》所描写的"雨（yù）雪霏霏"那样绵密轻扬的小雪，因为它是应和冬季之神，依时而来。它在小雪节气、就要上冻的时候悄然现身，飘落地面，就是在告诉人们"小雪"到了；它那娇小的身姿在空中飞舞，片片都是六个花瓣、雪白晶莹。

这纷纷扬扬的小雪，其实还仅仅是冬季降雪的序曲，而只有到了"大雪"节气的时候，真正的"千里冰封，万里雪飘""山舞银蛇，原驰蜡象"①等等美景才会一一展现在我们眼前。

---

① 引自毛泽东《沁园春·雪》。

大雪

节气由"小雪"到"大雪",核心就是降雪量的增多。

大雪

唐代文人林滋以善于作赋而著称于世,据说当时他与同乡、善于写文的詹雄和工于作诗的郑诚(xián)并称"闽中三绝"。《小雪赋》是其代表作,主题是称颂"小雪"节气时应时而来的降雪。文章极尽妙词佳句描述雪的形态,例如"眇(miǎo)若毫端,轻飞可观";"细糁(sǎn)长空,纤缘绮栊。净若芦花之覆水,轻同柳絮之因风。是则谢氏林亭,尽在回眸之内;梁王池馆,无非跬(kuǐ)步之中";"初疑画阁,妆奁(lián)之香粉微微;又若琼筵,玉箸之凝酥点点";"掩日而难分薄雾,开帘而不辨轻尘。影入空帷,预想映书之子;光侵远水,潜思访戴之人"等等。

林滋的妙笔,一方面表现了雪的唯美;另一方面也援引了一些与雪有关的典故,实际上这也为"大雪"节气的到来起了某种"暖场"作用。

按照《月令七十二候集解》:"大雪,十一月节。大者,盛也。至此而雪盛矣。"很显然，节气由"小雪"到"大雪"，核心就是降雪量的增多。

《小雪赋》里曾有"翻空虽小，那无六出之姿"一句，里面用到的"六出"，含义就是雪花，因为"出"在古代有"花瓣"的意思，而雪花一般都是六角形，就像六个花瓣一般。许多古代文献，例如《宋书》《太平御览》等，里面都有"草木花多五出，花雪（或雪花）独六出"这样的表述或意思。

堪称我国古代百科全书的《永乐大典》，其中也有："草木花皆五出，惟栀子雪花六出。"这里面除了提到雪花，还提到每层都有六个真正花瓣的栀子花。不过，《永乐大典》残卷中有关这句话的出处，引的是《温华琐碎录》，这却有些疑问。首先，我国古代没有书名如是的一部文献，但是却有《琐碎录》。其次，根据元代马端临《文献通考》和明代黄仲昭《八闽通志》等文献记载，《琐碎录》的作者是宋代文人、教育家、藏书家、江西赣南客家人温革。因此，看起来是文献在传抄过程中出现了讹误，把"温革"误作"温华"了，而且还把著者的名字和书名连在了一起。

关于"六出"雪花，古代诗文中并不少见，例如唐代诗人元稹《赋得春雪映早梅》："飞舞先春雪，因依上番梅。一枝方渐秀，六出已同开。"蜡梅瑞雪，互相映衬，真是好景致。

现在再回过头看林滋的《小雪赋》。文章里面"谢氏林亭""梁王池馆""映书之子""访戴之人",分别表示了不同历史时期与雪有关的典故。

谢氏指的是东晋时以宰相谢安为代表的谢氏家族。谢安有一个侄女名叫谢道韫,成年后嫁给了王羲之的儿子王凝之。该女子才华出众,有一次和本家兄弟姐妹一道陪谢安在谢家花园赏雪,当时谢安让众子侄用尽量简练的话形容一下雪,在谢朗说了"撒盐空中差(chā)可拟"之后,谢道韫一句"未若柳絮因风起"语惊四座,以致后世也常常用"谢家轻絮"作为咏雪的标志。

"梁王池馆"看起来好像说的是汉文帝刘恒嫡次子、汉景帝刘启同母弟弟刘武的故事,而实际上却仍然与谢家有关,只不过这次主角换成了谢安的曾孙辈、南北朝时期辞赋家谢惠连。谢惠连曾作《雪赋》,文章借西汉梁王刘武和当时名满江湖的几位文豪邹阳、枚乘、司马相如雪天饮酒赏雪的掌故,并借几位前辈之口,给后人留下了一篇极佳的吟雪名篇。

"映书之子"则是励志故事了,主人公是在晋代曾经任过"起部郎"和"征南长史"等官职的孙康。孙康年幼时由于家贫,曾经为了节省灯油而借积雪反射的光亮读书,奋发有为,后来果然成就了一番事业。

"访戴"则典出《世说新语》,说的是书圣王羲之的儿子王徽之在一个大雪纷飞的夜晚,忽然想到了好友、东晋著名美术家和音乐家戴逵，于是便乘小船由剡（shàn）溪前往戴逵的住处。后来在饱览小河夜晚的雪景之后，王徽之觉得已然尽兴，所以就中途返回了。随性、洒脱、任性如此，倒也真是符合东晋名士的做派。虽然在这个故事中，两位好友并没有相见，但是后世还是用"访戴、忆戴、思戴、寻戴、觅戴、寻剡客、访剡溪、剡溪雪、剡溪船、剡溪棹、剡溪兴、徽之棹、子猷①船、子猷兴、子猷归、子猷去"等等，表示造访故交、思念友人或者隐居隐逸等寓意。

了解了这些典故之后，林滋的《小雪赋》就更容易理解了。他其实一方面在描绘雪花的静态之美与动态之美，另一方面又通过典故，把和这些典故相关的雪景引入文章中，进一步丰富了文章的内涵与意境。

有了《小雪赋》的铺垫，"大雪"似乎就要顺理成章地翩然而来了。南宋词人赵长卿填于"小雪""大雪"两个节气之间的《满庭芳·冬景》，也是一首极妙的冬景词。

在这首词的题注中，赵长卿就写道："十月念六日大雪，作此呈社人。"这里面的"念"，意思与"廿"相同，表示二十，所以"十月念六日"就是农历十月二十六。而"大雪"是冬季的第三个节气，就像前面《月令七十二候集解》提到的，

---

① 王徽之表字子猷。

是"十一月节",一般在农历十一月的最初几天。因此,十月二十六大致是快到"大雪"节气的时候。"社人"在古代则指村民、乡亲。

根据史料记载,赵长卿性格孤傲,喜游山水,大多数时候都过着比较清贫恬淡的隐居生活,但是他同情百姓、友善乡邻,常常填完词后也是先拿给他们看。他这首词的全文是:

晚色沈(chén)沈,雨声寂寞,夜寒初冻云头。晓来阶砌,一捻冷光浮。目断江天霭霭,低迷映、绿竹修修。多才客,高吟柳絮,还更上层楼。

烹茶,新试水,人间清楚,物外遨游。胜似他、销金暖帐情柔。细看流风回舞,终日价、浅酌轻讴。醺醺地,美人翻曲,消尽古今愁。

从词里面的"雨声""江天""绿竹"等等,联系它们所表现的节气,大致可以看出这是词人隐居江南时所作。

词的上阕主要写大雪节气时江南的景色。夜幕低垂,雨声寂寥,云端已现寒意。天亮时分,庭院台阶上薄冰的一抹寒光有些刺眼。极目远方,江天一色,雾气霭霭,薄雾中,绿竹依然挺拔齐整。多情才子,一面朗声吟咏柳絮般飞舞的雪花,一面拾(shè)级登高,要去纵览更加广阔的天地。

词的下阕主要写才子佳人品茶、唱曲、饮酒等打发时日的闲事,颇有些醉里光阴的颓唐。

与此相对照，唐代诗人薛能的《新雪八韵》[①]虽然也是闲居之作，但是却情绪饱满、兴致盎然。诗里写道："大雪满初晨，开门万象新。龙钟鸡未起，萧索我何贫。耀若花前境，清如物外身。细飞斑户牖，干洒乱松筠。正色凝高岭，随流助要津。鼎消微是滓，车碾半和尘。茶兴留诗客，瓜情想戍人。终篇本无字，谁别胜阳春。"

这首诗起首一句便直奔主题，清早起来推开屋门，一阵雪花夹带着的清爽瞬间畅达肺腑，一片银色的大地旋即也跃入眼眸。年老体弱的雄鸡尚未报晓，视野内也是一片萧条，但是诗人却仍然觉得十分充实。因为积雪如明镜般晶亮，它的纯净还宛若超然物外的身心。纷纷扬扬的雪啊，在斑驳的窗前舞蹈，在松林、竹林中飞旋。大雪覆盖的山峰一片净白，随流而下的融雪，常常化作冰凌驻留在一处处渡口。雪入汤鼎，微余残渣；乘辇过后，辙迹半雪半尘。饮茶的兴致往往与诗友相伴，而瓜熟之时则常常想起戍边的将士。

接下来的两句，也就是诗的结尾颇有些令人费解。或许当时诗人语出有典，但是到如今早已有了断层。那么，参考古人作诗的相关意趣，也许可以推测，"终篇本无字"的"无字"并不是"没有字"的意思，而是咏雪的诗里面不出现"雪"

[①] 也有版本作《闲居新雪》。

这个字，就像唐代诗人李峤著名的《风》那首诗里并没有出现"风"字、北宋诗人林逋咏梅而不出现"梅"字一样。然而，薛能这首诗的第一句却出现了"雪"字，所以他才说"本无字"，也就是原本是不打算出现"雪"这个字的。因此，这首诗的结尾两句大致可以理解成：如果按照最初打算，不出现"雪"的字样而咏雪，那么，谁能分辨出这胜过阳春的美妙景色呢。

另外，诗中"萧索我何贫"一句，结合诗意，"何"理解成含有诘问的语气似乎较为适宜。整句话的意思大致是：我有什么贫穷可言？也就相当于说我是很充实的。"瓜情想成人"则源自《左传》齐襄公派遣臣下连称和管至父戍守"葵丘"的掌故，具体情况可参阅《花草字传·硕果累累》中解读"瓜"字的有关内容。

大雪节气咏雪，这既是天时凑巧，也算得上是文人们应时、即兴所致，其中一个重要原因是雪能够给人带来美的感受。北宋著名政治家、书法家、茶学家蔡襄，他的《自渔梁驿至衢州大雪有怀》中就有"乾坤初一色，昼夜忽通明""有物皆迁白，无尘顿觉清""逐絮飘飘起，投花点点轻"等等精到的描写。而比他稍早的北宋文学家、"西昆体"诗代表人物杨亿，则在《己亥年十月十七日大雪》中用"严飚一夕起，瑞霰满空浮。林迥琼花吐，峰孤玉笋抽。疏鳞镂屋瓦，净练曳溪流"等，描写他眼中的降雪。

实际上，雪在给人带来美感的同时，它对人、对万物还能产生许多益处，尤其是应时节而来的降雪，真可以称作"及时雪"，例如陆游就有一首《十月暄甚，人多疾，十六日风雨作寒，气候方少正，作短歌以记之》①。

从这首诗的标题看，那年农历十月的前半个月天气依然很热，就像诗人所说"霜晚木未丹，地燠（yù）草不黄"。这种反常的气候直接导致许多人生病。幸而在"小雪""大雪"两个节气之间寒流来袭，"霰雪虽未作，疾疠（lì）幸退藏"，这才缓解了由于气候反常给人们带来的不适。

与陆游同为南宋诗人的赵蕃，是"江西诗派"后期的领军人物，他的诗作《大雪》，同陆游的诗亦有异曲同工之处，"长年南雪不到地，瘴疠惨毒愁北人。今年初见腊前白，宠光并与梅花新。"这些诗句呈现出来的同样是腊月之前，也就是农历十一月的时候天降瑞雪，从而有效遏制了南方部分地区"瘴疠"肆虐的情形。

提到"瘴疠"肆虐，我们不禁就会联想到毛泽东那首赞颂人民群众战胜血吸虫的七律《送瘟神》中的"借问瘟君欲何往，纸船明烛照天烧"等诗句，诗中饱满、洋溢的革命豪情令人振奋。而他那首著名的《沁园春·雪》则更是气势如虹：

---

① 标题中的标点符号为本书作者所加。

"北国风光,千里冰封,万里雪飘。望长城内外,惟余莽莽,大河上下,顿失滔滔。山舞银蛇,原驰蜡象,欲与天公试比高。须晴日,看红装素裹,分外妖娆。江山如此多娇,引无数英雄竞折腰。惜秦皇汉武,略输文采。唐宗宋祖,稍逊风骚。一代天骄,成吉思汗,只识弯弓射大雕。俱往矣,数风流人物,还看今朝。"苍茫辽阔的神州大地,英才辈出的中华民族,渗透、充盈在每个词句之中的万丈豪情,每读一次,都会令人热血沸腾、豪气顿生。

的确,冬季的雪不仅能够妆点大自然,而且还有益于包括人类在内的乾坤万物。那么,就让我们带着这喜人的"六出"之花,走向"大雪"之后的又一个节气——冬至。

冬至

按照西周历法,"冬至"也是旧年、新岁的交会之时,所以当时也有『冬正月』之说,以致一直到后世都流传着『冬至大如年』这样的说法。

冬 至

虽然雪花晶莹月白,以致古代还流传着"囊萤映雪"的励志故事,但是就落雪的季节而言,此时我国正处于昼短夜长的漫漫冬季,所以,"大雪"节气其实也意味着夜晚的时长就要推向极致了。

正像唐代诗人卢纶《和张仆射塞下曲》"月黑雁飞高……大雪满弓刀",宋代陆游《闲步至鞠场值小雪》"归来跨火西窗下,独数城楼长短更",以及宋代诗人张嵲(niè)《小雪作》"霜风一夜落寒林,莽苍云烟结岁阴"所描写的那样,降雪季节一般都是一年之中夜晚最长、最让人觉得更深夜静的时段。

如果要找一个白昼最短而夜晚最长的时间节点,那么,在我国,这个时间节点就是冬季的第四个节气——冬至。

以《礼记·月令》为基础的清代御制文献《御定佩文斋广群芳谱》,其中对"冬至"的解读是:"斗指子为冬至,至有三义,一者阴极之至,二者阳气始生,三者日行南至,故谓之至。"同时该文献还引南北朝至隋初文人杜台卿《玉烛宝典》："冬至日极南影长。"而杜台卿的著作也是根据《礼记·月令》等体例及内容，并广泛收集民俗风情而成。据史料记载，杜台卿曾在北齐、隋朝为官，后在隋文帝时以耳聋不便做官为由请辞，获准之后便专心从事著书、教学等事宜。

到了明代医学家徐春甫《古今医统大全》，上述若干文献对"冬至"的解读，可以说基本汇总了一种集大成的表述："十一月中。阴极之至，阳气始生。日南至，日短之至，日影长之至，故曰冬至。"

这段话的大致意思是：冬至是农历十一月的节气，这时（北半球）"阴气"达到极点，"阳气"则开始萌动，太阳直射南回归线，（北半球）白昼时间是一年之中最短的一天，而太阳照射一切物体所投下的影子也各自呈现出一年之中最长的情形，所以这个节气被称作"冬至"。

和"夏至"中的"至"一样，"冬至"的"至"本身也有两层含义，一层是"到达、到来"；另一层则是"极点、最大值"。

杜甫写过好几首与"冬至"有关的诗，从内容看，都是诗人在异乡所作。其中《至后》一首，第一句就写"冬至"之后，白昼在时间方面的变化。诗的全文是："冬至至后日初长，远在剑南思洛阳。青袍白马有何意，金谷铜驼非故乡。梅花欲开不自觉，棣萼一别永相望。愁极本凭诗遣兴，诗成吟咏转凄凉。"

"冬至"之后,白昼开始变长,诗人此时却在远离家乡河南的四川。身处异乡,心中难免涌起思乡之情,更何况当时正值"安史之乱"初平,社会仍然处于十分动荡的时期。因此,诗人以"青袍白马"喻指离乱,用当时洛阳的标志"金谷园""铜驼陌"代指家乡,意为家乡也已经物是人非、家不像家了。然后接下来,"梅花"一句是以梅花为代表,言说植物的生长乃是大自然的新陈代谢规律所致,并不以人的意志为转移,而棠棣花的花萼、花瓣一旦分开,也只有远隔江湖、默默相望的份儿。实际上,这两句话所表达的完全是一种无奈的感慨,一来慨叹世事无常,天不遂人意;二来用从《诗经》开始就用来代表兄弟的"棠棣",表达亲人分离之后的相思之苦。结尾两句言辞直白,原本想借着吟诗驱遣愁绪,并调动自己的兴致,哪承想诗成之后,越吟诵,就越勾起心中深藏的凄凉。

诗里面的"青袍白马"意思相当于"青丝白马",寓意离乱。南北朝时期文学家庾信的《哀江南赋》里面就曾有"青袍如草,白马如练。"而杜甫的《青丝》一诗中也有"青丝白马谁家子,粗豪且逐风尘起。"

这两篇作品其实引用了同一个典故,故事源自《梁书·侯景传》,讲的是南北朝时期,初为北魏将领、后归降南梁被封河南王、后来却又举兵叛梁的武将侯景。因为侯景举兵叛梁的时候,身跨白马,而且他统领的军队,士兵都统一身穿青色衣衫,正应验了当时的童谣"青丝白马寿阳来"。所以,后来就用"青丝白马"表示战乱和离乱。

身处乱世,人的遭际与心情自然都好不到哪里去,因此,杜甫另外两首与"冬至"有关的诗作《冬至》和《小至》,里面也都浸染了灰色的愁绪。

《冬至》全文是:"年年至日长为客,忽忽穷愁泥杀人。江上形容吾独老,天边风俗自相亲。杖藜雪后临丹壑,鸣玉朝来散紫宸。心折此时无一寸,路迷何处见三秦。"

《小至》全文是:"天时人事日相催,冬至阳生春又来。刺绣五纹添弱线,吹葭(jiā)六琯动浮灰。岸容待腊将舒柳,山意冲寒欲放①梅。云物不殊乡国异,教儿且覆掌中杯。"

《冬至》一首,诗人说自己已经连续多年在异乡度过"冬至"日了,那些令人失落的贫寒与愁绪无时无刻不在纠缠着自己。江畔人群中,唯有自己老态尽显;民间风情,则不论高雅还是通俗,彼此相融,总还能够和谐。落雪之后,拄杖漫步山间,耳边却隐隐响起帝都的朝堂之上玉佩玎玲。每念及此,肝肠寸断;前途迷茫,帝都长安何时可见。

"小至"在古代有"冬至"前一天或后一天两种说法,在此结合诗意,当指"冬至"第二天。诗的大致意思是:天地和

---

① 亦有版本作"破"。

世事都在有条不紊地运转，"冬至"既至则阳气萌生，春天又快要到了。由于白昼变长，忙于刺绣的玉女们可以多绣几针了。采用古代流传下来以葭莩灰填充律管测量气候、时节的方式，也显示出"冬至"节气已过。河岸上的垂柳静待腊月将要复苏，山里的阳气也在凝聚蓄力，有待冲破寒气吹开梅花。周遭的一切与家乡景物其实并无差异，只是"梁园虽好"①，终非故土，所以只能让小儿斟满酒杯，一醉解乡愁。

和杜甫有类似感受的，还有唐代诗人韦应物。此公由于离开京城去外乡赴任，日子久了，每到节气或节令，都会思念京城和京城的亲友。他的《冬至夜寄京师诸弟兼怀崔都水》，就是这类诗作中的一首。诗中写道："理郡无异政，所忧在素餐。徒令去京国，羁旅当岁寒。子月生一气，阳景极南端。已怀时节感，更抱别离酸。私燕席云罢，还斋夜方阑。邃幕沉空宇，孤灯照床单。应同兹夕念，宁忘故岁欢。川途恍悠邈，涕下一阑干。"

诗中虽然也说在其位谋其政，对公务不敢有丝毫懈怠，心中时刻谨防"尸位素餐"。但是，由于只身一人离京赴任，所以公务之余，内心常常苦闷，尤其在寒冬腊月以及恰逢时节的时候，更觉凄凉。和他人宴饮之后，回到住地已是深夜，

---

① "梁园"为西汉梁王刘武所筑大型园林，古人常借用"梁园虽好"的说法表示再好的地方都不如家乡。

夜幕沉沉，屋内却只有一床、一灯和一人。想必此时京城的亲友，也同自己一样为思念所困，因而宁愿忘记往日欢聚的喜悦。抬首前路渺茫，不知何时是尽头，故而不禁怆然而涕下。

像韦应物这样出身名门的世家子，内心凄怆时还能挂念公务，也着实不易。而在古代的时候，统治阶层"冬至"日祭天乃是重大的政务活动。明代著名诗人、文学家边贡，就在《迎銮曲》中写过："小臣曾读三王纪，冬至由来始祭天。"

根据总揽前人成果并成书于五代、署名后晋宰相刘昫的《旧唐书》记载"冬至祭天于圜丘"，古代祭天大典就是在"冬至"这一天。宋代鸿儒朱熹的《诗经集传》中也有："古者祭天于圜(yuán)丘、扫地而行事。器用陶匏、牲用犊、其礼极简。"

朱熹所说的"其礼极简"符合儒家的一贯主张，正像儒家祖师爷孔夫子回答弟子林放问"礼"时所言："礼，与其奢也，宁俭。"①但是，简朴归简朴，祭品还是不可或缺的，就像朱熹所记录的"牲用犊"一样，"祭"这个字本身就包含着"肉"。

"祭"的甲骨文写作 ，金文增加了表示"祭台、祭祀"等含义的"示"，又写作 。这两种字形中都有"肉"的古文字形 或 ，另外还有表示"手"的 或 。很显然，"祭"最初就含有用肉食进献、供奉的意思。

---

① 见《论语·八佾》。

除了祭天,按照西周历法,"冬至"也是旧年、新岁的交会之时,所以当时也有"冬正月"之说,以致一直到后世都流传着"冬至大如年"这样的说法。故而后来汉代时虽然改农历一月为正月,但是依然保留了把"冬至"当作"冬节",而且官府要举行"贺冬"仪式的习俗。民间后来则把"冬至"也称作"亚岁"等,例如《晋书》:"其仪亚于正旦。"其中的"正旦"指的是正月初一,也就是我们中华民族传承了几千年的传统节日——春节。

春节拜年,这也是流传数千年的民间传统。在一般情况下,总是晚辈给长辈拜年,其他人之间则多为互拜。恰巧在"冬至"的时候,我国一些地区还曾经有过"拜师"这样的习俗。

例如根据民国时期编写的《新河县志》记载:"长至日拜圣寿,外乡塾弟子各拜业师。""拜圣寿"就是给孔夫子拜寿,因为"冬至"曾经是"年",过了冬至日就长一岁,所以需要贺"增寿"。《南宫县志》则说:"冬至节,释菜先师,如八月二十七日礼。奠献毕,弟子拜先生,窗友交拜。""释菜先师"也是一种祭孔形式,是学生秋季入学时以芹藻之属礼先师孔子。其他如《定兴县志》《武安县志》《怀安县志》等等,里面也都有类似内容。《清河县志》还记载,"冬至"祭孔时往往伴随"拜烧字纸"仪式。因为民众普遍认为爱惜字纸是对圣人和知识的尊重,而乱用字纸擦抹脏东西则是对先师和知识的亵渎不恭，所以就要把带字的废纸收集起来，在祭孔时一齐烧掉并跪拜。

正是由于这些风俗，"冬至"还曾经被人说成是我国最早的"教师节"。

另外，现在流行于我国大部分地区的春节吃饺子和"冬至"吃饺子习俗，在欢度佳节的意义上，具有完全相同的寓意。当然，根据民间的一种传说，"冬至"吃饺子的习俗与东汉名医张仲景有关。传说的大致意思是有年冬天天气奇寒，许多人都生了冻疮，张仲景为了使病人更容易服药，就把药包在了面皮里，由此便形成了饺子的雏形。

医家治病，多治肌肤、脏腑之病，若遇"心病"，自然也会颇感棘手。而自古文人可以说大都属于多愁善感之辈，例如白居易有两首与"冬至"有关的诗《冬至宿杨梅馆》和《冬至夜》，均离不开病体、愁闷。前一首是："十一月中长至夜，三千里外远行人。若为独宿杨梅馆，冷枕单床一病身。"后一首是："老去襟怀常濩（huò）落，病来须鬓转苍浪。心灰不及炉中火，鬓雪多于砌下霜。三峡南宾城最远，一年冬至夜偏长。今宵始觉房栊冷，坐索寒衣托孟光。"

这两首诗看起来都是诗人年老体弱之后所作，诗中完全没有了"樱桃樊素口，杨柳小蛮腰"的洒脱自娱，代之而来的是一幅衰老多病的画面，而且离家千里，屋寒衾冷，沦落失意，潜意识中也不禁羡慕起"举案齐眉"的梁鸿、孟光夫妇。

唐代诗人杜牧写"冬至"的诗《冬至日遇京使发寄舍弟》也是抒发愁绪之作,不过他的愁思却更接近诗人韦应物的感受。诗中写道:"远信初凭双鲤去,他乡正遇一阳生。尊前岂解愁家国,辇下唯能忆弟兄。旅馆夜忧姜被冷,暮江寒觉晏裘轻。竹门风过还惆怅,疑是松窗雪打声。"

诗中"双鲤"来自汉代乐府诗《饮马长城窟行》中的"呼儿烹鲤鱼,中有尺素书",意思是家书、信函;"姜被"又称"姜家大被",源自《后汉书·姜肱传》,原意是兄弟共盖一床被,表示兄弟友爱,也可以代指兄弟;"晏裘"也称"晏子裘",说的是春秋战国时期齐国大夫晏婴生活俭朴,常常穿着布衣和鹿裘上朝,因此后来"晏裘"一词就被用来表示生活俭朴或窘迫。

这几个典故是整首诗的关键之处,通晓了它们,对诗人所表现的游子在寒冷时节倍感孤单、思念亲人的情感,自然就会产生共鸣。

然而,"冬至"虽冷,可是真正的严寒却还在后面的"小寒"和"大寒"。

小寒

不必埋怨此时的严寒,因为这是从冬天走向春天的必由之路。

小寒

"冬至"起,我国还有一种不晚于南北朝时期就已经开始流传的"数九"传统。

"数九"也称"冬九九",感觉上它与"周历"把"冬至"视为一年之始或许有关,因为如果"冬至"意味着阳气萌动的所谓"一阳生",则"九九歌"刚好表示从"冬至"开始,经过九九八十一天,才迎来阳春天气。

但是,古人的辩证思维也非常有意思,时序推移,大自然行进在通往春暖花开的路途中时,仍然还会携万物经历严寒考验。在这个过程中,极端的严寒天气一般出现在"三九"和"四九",这时候所对应的节气恰好是在名称中就已经体现出的"小寒"和"大寒"。

"小寒"是冬季的第五个节气,《月令七十二候集解》中解释说:"十二月节,月初寒尚小,故云。月半则大矣。"

"寒"字在秋季"寒露"节气已经解释过,意思就是寒冷。

宋代诗人朱淑真有一首题为《冬至》的诗,其实可以看作是"冬至"和"小寒"之间的间奏曲。诗中写道:"黄钟应律好风催,阴伏阳升淑气回。葵影便移长至日,梅花先趁小寒开。八神表日占和岁,六管飞葭动细灰。已有岸旁迎腊柳,参差又欲领春来。"

诗中"黄钟"指的是"十二律"之一,按照古代传统,它所对应的月份为农历十一月①。"淑气"的意思是温和之气。"长至"是"冬至"的又一种说法,因为每年的这一天日影最长。"八神"在古代有若干种含义,在此指的是"八蜡"所祭之神,"八神表日占和岁"的意思是西周开创的于农历十二月祭祀与农事有关的八位神灵,为的是祈盼来年风调雨顺、五谷丰登。

由此可见,朱淑真的诗的确是从农历十一月的"冬至"写到农历十二月祭祀"八神"。诗的大致内容是"冬至"应时而来,阴气达到鼎盛,盛极而衰,所以阳气开始萌生,蜡梅也趁此时机绽放花蕾,还有江河两岸的垂柳,也正待依次返青,一道引领春回大地。

"小寒"时节,天气虽冷,但是却有傲雪的点点梅花缀枝头,宋代词人喻陟(zhì)就曾在"小寒"时作《蜡梅香》:"晓

---

① 十二律与十二月的对应:黄钟(十一月)大吕(十二月)太簇(一月)夹钟(二月)姑洗(三月)仲吕(四月)蕤宾(五月)林钟(六月)夷则(七月)南吕(八月)无射(九月)应钟(十月)。

日初长,正锦里轻阴,小寒天气。未报春消息,早瘦梅先发,浅苞纤蕊。揾(wèn)玉匀香,天赋与、风流标致。问陇头人,音容万里。待凭谁寄。一样晓妆新,倚朱楼凝盼,素英如坠。映月临风处,度几声羌管,愁生乡思。电转光阴,须信道、飘零容易。且频欢赏,柔芳正好,满簪同醉。"

这首词以"小寒"节气的"蜡梅"为主题,咏梅并倾诉友情、寄托乡愁。词中的"锦里",当指现在的四川省成都市一带。因为虽然喻陟本人的史料极其有限,仅仅知道他是宋代人,但是同样写过《蜡梅香》的另一位宋代诗人吴师孟,根据史书记载确实是成都人,而吴氏的词里,第一句就是:"锦里阳和,看万木凋时,早梅独秀。"

另外,根据东晋史学家常璩(qú)《华阳国志》和北魏郦道元《水经注》等文献记载,"锦里"的得名是因为"其道西城,故锦官也。锦工织锦濯其江中则鲜明,濯他江则不好。故命曰'锦里'也。"可见,"锦里"与在流经成都的江水中洗涤染色丝织物有关,而且原本是坐落在江岸边的一个街区,也称"锦官",即杜甫名篇《春夜喜雨》中的"锦官城"。后来"锦里"和"锦官城"也就成了成都的标志。例如李商隐的《筹笔驿》:"他年锦里经祠庙,《梁父(fǔ)吟》成恨有余。"诗句中的"梁父吟"源自陈寿《三国志》介绍诸葛亮的"亮躬耕垄亩,好为《梁父吟》。"

词里的"陇头人"出自南北朝时期北魏官员陆凯的一首绝句:"折梅逢驿使,寄与陇头人。江南无所有,聊赠一枝春。"该诗是寄赠好友、《后汉书》作者范晔的,所以后来"陇头人"在文学作品中就有了朋友以及思念朋友的寓意。"羌管"又称"羌笛",是源自羌族地区的一种管乐器,由于其起源于当时的边疆地区,而且声音高亢兼有悲凉之感,所以就常常被赋予边塞、送别以及思乡等寓意。"揾"这个字现在已经不常用了,最初表示把东西按在水里,也表示揩拭,词里的"揾玉"是形容梅花清雅的色泽就像擦拭过的美玉的光泽一般。

因此,喻陟的词大致就是借描写"小寒"节气时初绽枝头的蜡梅,倾诉对友人和家乡的思念。

宋代还有一首作者不详的《望梅》词,词的全文是:"小寒时节,正同云暮惨,劲风朝烈。信早梅、偏占阳和,向日暖临溪,一枝先发。时有香来,望明艳、瑶枝非雪。想玲珑嫩蕊,绰约横斜,旖旎清绝。仙姿更谁并列。有幽香映水,疏影笼月。且大家、留倚阑干,对绿醑(xǔ)飞觞,锦笺吟阅。桃李繁华,奈比此、芬芳俱别。等和羹大用,休把翠条谩折。"

这首词基本就是吟诵冬季寒风中的蜡梅的,只是结尾处提到了"和羹",也就是烹制食物时用到的梅树果实——梅子,而且词人还用"休把翠条谩折"表达了他珍惜梅树和梅花的情感。

"蜡梅"也写作"腊梅",由此看来,"蜡"和"腊"这两个字在从古至今的流传过程中,一定存在着千丝万缕的联系。

但是,从根本上讲,这两个字其实各有各的源头。"蜡"原本是"蛆"的古字形,后来一方面成为表示动植物和矿物的脂质以及蜡烛等意思的"蠟"的简体字形;另一方面又同表示祭祀的"昔、褚(zhà)"相通,也就是本文前面提到的"八蜡"。在古代,这种年终时举行的比较盛大的祭祀也称作"蜡祭"。

而在"蜡祭"意义上,"蜡"与"腊"就产生了联系。

"腊"这个字本身也比较复杂,它实际上有两个来源:一个是这种字形本身,原本应该读作 xī,意思是经过切分、盐渍和风干等工序的肉类,同时也表示用这种方式进行加工,例如柳宗元《捕蛇者说》:"然得而腊之以为饵";另一个是则是原本写作"臘"的字形,最初意思是农历十二月的盛大祭祀,也就是"蜡祭",后来就有了农历十二月的含义,即"腊月",再往后又产生出"在冬天经过腌制风干的鱼肉"这种意思,而且几种意思最后又简化成原本就存在的"腊"字。因此,"蜡"和"腊"两个字便在某些情况下产生了通用现象。

腊月祭祀,带有明显的年终总结意味。一年辛苦,终有收获,因此,借此机会禀告神灵,意图就是感恩赐福并祈盼来年继续保佑。明代官宦、文人李先芳于腊月初八写的《腊日》,里面就提到这种祭祀风俗。这首诗的全文是:"腊日烟光薄,郊园朔气空。岁登通蜡祭,酒熟醵(jù)村翁。积雪连长陌,枯桑起大风。村村闻赛鼓,又了(liǎo)一年中。"

这首诗主要写腊月时的乡村景象。冬日的乡村,云气稀薄,寒风凛冽,皑皑白雪覆盖着广阔的田野,树叶落尽,万物蛰伏。又到了岁末年初时序更迭之际,村民们忙着祭神祈福,温酒敬老,村村寨寨喜庆的鼓声此起彼伏、相互呼应。

当然,风调雨顺的好年景虽然常常存于百姓心中,但是现实中却不一定年年都如此。宋代官员、诗人陈造写过一首《次韵张守垂虹小驻》,其中就写道:"闻道垂虹舒远目,江波浩荡江天晴。江城竹马待已久,未妨小寒鸥鹭盟。郡民憔嗟岁不熟,丈夫慨慷志在行。盛时陈力要接淅,庶莫常谭嗤老生。"

这首诗题目中的"张守"是宋代高官,当年曾出任过江浙一带行政长官。"垂虹"本来指宋代的时候建于现在江苏省苏州市吴江区境内的一座长桥,因形似彩虹而得名。桥上还筑有一座亭子,据记载苏东坡当年曾和写出"心似双丝网,中有千千结"的词人张先等在此聚会宴饮。在这首诗的标题中,"垂虹小驻"或许指的是在桥上以及亭子里短暂停留,也可能指的是在那个地方小住了几日。

陈造的诗里还有几个典故和比较特别的词语。

首先是"竹马",在这里它可不是诗仙所说"郎骑竹马来"的那种游戏道具,而是古代江南地区特有的一种耕田农具,也称"蘼马"。

其次是"鸥鹭盟",它的字面意思是与鸥、鹭等鸟类为友、做伴,实际上表示退隐,例如宋末元初科举不中而游走江湖的诗人黄庚,他的《渔隐为周仲明赋》中就有:"不羡渔虾利,惟寻鸥鹭盟。"

还有"接淅",这种说法出自《孟子·万章下》:"孔子之去齐,接淅而行。"朱熹对此注释说:"接,犹承也;淅,渍米也。渍米将炊,而欲去之速,故以手承米而行,不及炊也。"意思是由于忙于正事,以致淘米之后都来不及煮饭,只能手捧生米匆匆赶路。

我国古代类似这种称颂孔夫子等圣贤风尘仆仆的说法还有不少,例如"孔席不暖""墨突不黔"等等。

"孔席不暖"的意思是孔夫子为了传播他的学问、思想,特别是他的治世理念而周游列国、四处奔走,每到一地都是行色匆匆,常常是连坐卧用的席子都还没有用身体温热,就又要起身赶路。

"墨突不黔"字面上的意思则是墨子住所的烟囱还没有熏黑,其中"突"表示烟囱,例如古代著名的成语故事"曲突徙薪";"黔"则表示黑色,例如《说文解字》:"秦谓民为黔首,谓黑色也。"因此,"墨突不黔"所隐含的意思同样是墨子为了传播他的主张而到处奔波,很少能够踏踏实实待在一个地方生火煮饭，所以他暂时栖身的许多临时住处，连烟囱都像不曾被烟火熏过一样。

至于最后一句里面的"常谭"和"老生"，最早见于陈寿《三国志·魏书·管辂传》："此老生之常谭。"其中"谭"与谈话的"谈"意思相同，而现在我们都知道"老生常谈"意为没有什么实际内容或者没有什么新意的话。

回过头再读陈造的诗，明显会感觉到他登临垂虹亭极目江天时那种开阔胸襟与豪迈气概。他以为，身为大丈夫，在"小寒"时节躬身农事以及归隐式的安居一隅种种，都不过是一时的蛰伏与休整，而一旦遇到百姓由于荒年而饥馑、憔悴和呼号时，就必须无条件地挺身而出，为民生而奔走，切不可像闲极无聊的迂腐书生，夸夸其谈，不务正事。

寒冬腊月的"小寒"节气，的确会让许多地区的人处于农闲状态，但是来年农事不等人，开春后的准备尚需及早谋划与行动，而且大自然中还有不少人类的朋友也绝对可以成为我们的表率。

敦煌文献中有一组《咏廿四气诗》，其中包括《小寒十二月节》："小寒连大吕，欢鹊垒新巢。拾食寻河曲，衔柴绕树梢。霜鹰延北首，雊雉隐藂（cóng）茅。莫怪严凝切，春冬正欲交。"

对于这组吟诵节气的诗，后世认为其艺术成就和艺术价值都非常高，但是从文献所署"卢相公"或者"元相公"看，却很难准确判断出真正的作者是谁。有人经过一番考证，认为其中"元相公"应当是唐代诗人元稹，不过这也只能看作是一种推测。

　　根据本篇前面脚注中"十二律"与"十二个月"的对应关系，"大吕"对应农历十二月，所以诗的第一句即是"小寒连大吕"。紧接着，后面几句描写都是"小寒"节气时自然界一些颇具代表性的现象：喜鹊开始筑巢，并在河流转弯处觅食，衔着筑巢用的树枝绕树飞翔；猎鹰则引颈蓄力，等待着迅捷出击；雉鸡正伏在茅草丛中孵化幼雏并不时鸣叫。诗的结尾两句，诗人表示不必埋怨此时的严寒，因为这是从冬天走向春天的必由之路。

大寒

到了这个时候,寒气也在抗衡从『冬至』开始复苏的阳气,而且它所使用的力量已经达到了最大限度,于是就有了『大寒』的名称。

大 寒

唐人吟咏二十四节气组诗里面的《小寒十二月节》，诗的结尾一句虽然发出了冬春两季欲交接、春暖花开应有时的明确信号，但是实际上，大自然在从冬天转往春天的过程中，还需要经过漫漫冬季、同时也是一年四季的最后一个节气——大寒。

跟"小寒"相比，一个"大"字道出了"大寒"的体量和能量，它显然比前者在程度上要高出若干个层次。

《月令七十二候集解》描述的"大寒"是"月半则大矣"，意思是大约在农历十二月十五前后的"大寒"节气，寒气更盛，寒冷程度更强。在宋代李昉主持编纂的大型文献《太平御览》，以及清代鄂尔泰编纂的《授时通考》里，都引用过南北朝时期南梁经学家崔灵恩编著的《三礼义宗》，其中对"大寒"的解读是："大寒为中者，上形于小寒，故谓之大……寒气之逆极，故谓大寒。"

这段话的大致意思是，"大寒"之所以在"小寒"之后的十二月中,是因为它是在后者基础上进一步显现出来的,所以更高、更大,于是就被说成是"大"了。另外,到了这个时候,寒气也在抗衡从"冬至"开始复苏的阳气,而且它所使用的力量已经达到了最大限度,于是就有了"大寒"的名称。

北宋和南宋承袭之时的主战官员、诗人王之道,有一首写"小寒""大寒"两个节气接续之际风物的《题浮光丘家山寺》,诗中写道:"古寺钟鸣漏向残,马嘶人起束征鞍。曈曈半弄阴晴日,栗烈初迎小大寒。溪水断流寒冻合,野田飞烧晓霜干。嗟予老踏浮光路,陟(zhì)岵(hù)怀亲眼欲酸。"

这首诗写的是清晨时分,漏壶将尽,古刹的钟声响起;战马嘶鸣,士兵们整装待发。天空一片灰蒙蒙,云团之间尚有天光乍现,凛冽的寒风告诉人们此时已经是"小寒""大寒"交接的时节。清浅的小溪不耐严寒,被封冻、定格成一条纯净的银色缎带,护苗防冻的烟气则笼罩、弥漫在麦田上方。诗人感慨年老力不从心,只能颤颤巍巍、小心翼翼地走在冰雪覆盖的路上,勉强登上一座土丘,驻足凝望家乡、思念亲人,不知不觉间泪水已经充满眼眶。

从诗文的大致意思看,这首诗应当写于宋朝统治者势力衰微、偏居江南之后。因为诗人原本是北宋官员,北宋败退南迁之后,又在南宋为官。所以每当他眺望江北的时候,心中难免郁闷,而且也会很不甘心。再加上随着时光流逝、岁月不饶人,眼见重返江北无望，况且时局动荡，战乱不断，他也身不由己，难以经常回到安徽老家探望亲人，所以他的心中自然泛起异样的感觉，思念故都与思乡、思亲的情绪便交织在了一起。

诗中的"陟岵"出自《诗经·魏风》："陟彼岵兮，瞻望父兮……陟彼屺（qǐ）兮，瞻望母兮。"显然这是思念亲人的咏叹。"陟"的意思是往高处走；"岵"的意思则有两种不同看法：一种意见认为是没有草木的秃岭；另一种意见则刚好相反，认为是多草木的山岭。这可能是由于古代文献在不断传抄的过程中出现了错误，而不会是因为这个字本身就有差别如此显著的两种含义。

北宋哲学家邵雍曾经写过一首《大寒吟》，不知题目中的"大寒"指的是节气，还是指的严寒，反正基本可以肯定，写的是寒冬腊月的事情。另外，让人觉得有趣的是，在我们平常的印象中，哲学家似乎都是很玄妙的人，说出的话也是深奥难懂，但是邵雍的这首诗却写得朴实易懂，甚至都有些大白话的味道了。诗的全文是："旧雪未及消，新雪又拥户。阶前冻银床，檐头冰钟乳。清日无光辉，烈风正号怒。人口各有舌，言语不能吐。"

天气冷到人们连话都说不出来，可想这样的严寒要么是把人冻得器官不听使唤，要么是冷风噎人，迎着风的时候无法开口。曾经有过寒风大作时在户外行走经历的人，心里都十分清楚，顶风行走是一件多么困难的事情。

按照我国传统，冬季的风恰恰被称作"朔风"，而"朔"这个字原本就同表示迎着、顶着等意思的"逆"相关。

"朔"左边的"屰（nì）"甲骨文写作 ，金文写作 ，都很清楚地表现出一个倒立的人形，其实它就是"逆"最初的字形；"朔"右边的"月"指的则是月亮。左右两边合在一起，最初的意思是农历每个月的初一。

关于"朔"字形含义的解读，一般认为左边的"屰"表示"朔"字的古代读音与它接近；右边的"月"则表示"朔"的意思与月亮有关，具体指的是农历初一月亮处于萌生状态，所以意味着开始。而当冬季到了末尾的时候，便是前面已经提到过古代传统中所谓的"一阳生"，也就是阳气开始萌生。因此，古人便用"朔风"表示阳气开始产生时的冬天的风。同时，由于我国冬季基本以北风为主，所以"朔风"同时也意味着来自北方的风，而"朔"也就同时具有了"北方"的意思。例如《木兰诗》："万里赴戎机，关山度若飞。朔气传金柝，寒光照铁衣。"这几句话说的就是花木兰代父从军，远赴长城以北，在北方的寒风中听到军中战鼓声，身上的铠甲则在冬日阳光下寒光闪闪。

冬季的"朔风"让人感觉到寒冷，而与它相对，夏天来自东南方向的风则令人感到温暖甚至炎热，所以，夏季的风就用含有"温热"意思的"薰"来命名了,例如白居易《首夏南池独酌》:"春尽杂英歇,夏初芳草深。薰风自南至,吹我池上林。"除了冬天和夏天,传统上对春、秋两季的风也各有称呼,春季为"和风",秋季称"金风"。

春天的"和风",意思就是温和、和暖,例如元曲四大家之一白朴的越调《天净沙·春》:"春山暖日和风,阑干楼阁帘栊,杨柳秋千院中。"

秋天的"金风"则与秋季的五行对应关系有关,本书前面与秋季有关的内容已经多次提到秋季与"金"对应,所以北宋、南宋承接时期词人赵师侠才会用"正金风零露,玉宇生凉,晚秋天气"描述秋季景色。

北宋诗人郑獬,有两首长诗都和天寒地冻的"大寒"时节有关,分别是《大寒呈张太博》和《回次妫(guī)川大寒》,两首诗里风雪交加,一派严冬景象,例如:"寒风怒蓬勃,排户入吾室。沙灰涨天黑,白日赤黄色";"须臾天气变,阴黯如涂漆。跳空雨雹飞,四走珠玑出";"地风如狂兕(sì),来自黑山旁。坤维欲倾动,冷日青无光。飞沙击我面,积雪沾我裳"等等。

严寒之下,"红泥小火炉"[①]便成为驱寒的利器,尤其是

[①] 摘自唐代白居易《问刘十九》。

每当风雪故人来，与亲友共饮之时，相互间情感的交融与共鸣，更是令人心中温暖、无视严寒的不二法门。因此，郑獬也在诗里写道："乃召二三子，环坐与之席。呼童令取酒，盘饤杂梨栗。酒行寒气除，春阳生四壁。"

大文豪苏轼的远房表兄文同也曾在《和仲蒙夜坐》诗里说："少睡始知茶效力，大寒须遣酒争豪。"显然，在诗人意念中，饮茶可以使人驱赶困倦，但如要同严寒一争高下，则唯有畅饮美酒。

陆游无疑也属爱酒的文人，就算到了年老体弱的时候，有时也还是会畅饮一二。他的《大寒出江陵西门》，里面就写道："平明羸马出西门，淡日寒云久吐吞。醉面冲风惊易醒，重裘藏手取微温。纷纷狐兔投深莽，点点牛羊散远村。不为山川多感慨，岁穷游子自消魂。"

诗中充满"大寒"时节的氛围，日光冷白，寒云舒卷，狐狸野兔纷纷躲入莽莽苍苍的山林，成群的牛羊则散落在远方的村落。诗人胯下一匹瘦马，手只能缩在衣袖中勉强保暖，寒风扑面，酒意顿时散了大半。岁暮之时，诗人倒不是因为萧索的山川而多愁善感，那令他怅然的，依然是身在异乡、贫病交加的遭际而已。

和陆游同样在"大寒"时节也感觉到寒苦的，还有唐代诗人白居易，他写过一首《村居苦寒》，只是他的烦恼似乎并不全是为了自己。诗的全文是："八年十二月，五日雪纷纷。竹柏皆冻死,况彼无衣民。回观村闾间,十室八九贫。北风利如剑,布絮不蔽身。唯烧蒿棘火,愁坐夜待晨。乃知大寒岁,农者尤苦辛。顾我当此日,草堂深掩门。褐裘覆纻被,坐卧有馀温。幸免饥冻苦,又无垄亩勤。念彼深可愧,自问是何人。"

诗文主要写大唐元和八年腊月,"大寒"前后连日降雪,凛冽的天气导致许多常绿植物如竹子、柏树等都被冻死。北风刺骨,呼啸着掠过陋巷寒屋,大量衣不蔽体的民众们,只能捡些枯草树枝引火取暖,苦熬漫漫长夜。诗人对照自己,身在深宅大院,穿着裘皮衣服,盖着厚厚的棉被,不用耕田,也不会忍饥挨饿和受冷受冻。在这种情形之下,扪心自问,衣来伸手、饭来张口的悠闲生活,与辛苦劳作却依然贫寒的庄稼汉相比,令人更加强烈感受到种田人的辛苦,尤其是在寒潮肆虐的严酷季节。每念及此,诗人都会深感羞愧。

宋代诗人张耒和白居易一样,也十分关注辛勤劳作却生活贫寒的种田人,他不仅自己的名字与农具相关,而且他为两个儿子起的名也都和庄稼有关。他有一首诗就是写给他的两个儿子张秬和张秸的。这首诗是《北邻卖饼儿,每五鼓未旦即绕街呼卖,虽大寒烈风不废,而时略不少差也,因为作诗,且有所警,示秬、秸》[①]:"城头月落霜如雪,楼头五更声欲绝。捧盘出

[①] 题目中的标点为本书作者所加。

户歌一声，市楼东西人未行。北风吹衣射我饼，不忧衣单忧饼冷。业无高卑志当坚，男儿有求安得闲。"

这首诗属于比较典型的家教诗，是借一个很平凡的小人物——"卖饼少年"的故事，让后人学习人家那种顽强的意志品质。

诗中少年积极向上，每天起早贪黑烙饼、卖饼，而且寒风刺骨的时候，他首先想到的并不是自己衣服单薄的问题，而是担心冷风把刚出锅的饼吹凉了。这两句诗和诗圣杜甫《卖炭翁》里面那两句"可怜身上衣正单，心忧炭贱愿天寒"简直如出一辙，描述的都是最朴实的老百姓最真实的境遇和心思，他们吃苦耐劳、勤勤恳恳、敬业持家。张耒由此提醒子女，工作并无高下、贵贱之分，关键在于意志品质，好儿郎志在千里，人生有目标、有追求，就不会沉湎于无聊的闲事，也不会一生庸庸碌碌、无聊无趣。

的确，人的一生就是在不断度过每一个春夏秋冬，那么，如何让平凡的日子焕发出不平凡的光彩，这是我们每个人都应该思考的问题。而且，他山之石，可以攻玉，学习、借鉴好的经验，永远都是一个人、一个家庭乃至一个民族不断前行的动力。现在，在一年终了的"大寒"节气，就让我们以包容汇通之心，借英国浪漫主义诗人雪莱《西风颂》里面"冬天来了，春天还会远吗"这句诗，当作这本书的结语。